# O OFICIAL DE JUSTIÇA
# CONCILIADOR

RICARDO TADEU ESTANISLAU PRADO

# O OFICIAL DE JUSTIÇA
## CONCILIADOR

Copyright © 2019 by Editora Letramento
Copyright © 2019 by Ricardo Tadeu Estanislau Prado

Diretor Editorial | **Gustavo Abreu**
Diretor Administrativo | **Júnior Gaudereto**
Diretor Financeiro | **Cláudio Macedo**
Logística | **Vinícius Santiago**
Designer Editorial | **Luís Otávio Ferreira**
Assistente Editorial | **Giulia Staar e Laura Brand**
Capa | **Wellinton Lenzi**
Preparação e revisão | **Lorena Camilo**
Projeto gráfico e diagramação | **Gustavo Zeferino**

Conselho Editorial | **Alessandra Mara de Freitas Silva;
Alexandre Morais da Rosa; Bruno Miragem; Carlos María Cárcova;
Cássio Augusto de Barros Brant; Cristian Kiefer da Silva; Cristiane Dupret;
Edson Nakata Jr; Georges Abboud; Henderson Fürst; Henrique Garbellini
Carnio; Henrique Júdice Magalhães; Leonardo Isaac Yarochewsky;
Lucas Moraes Martins; Luiz Fernando do Vale de Almeida Guilherme;
Nuno Miguel Branco de Sá Viana Rebelo; Renata de Lima Rodrigues;
Rubens Casara; Salah H. Khaled Jr; Willis Santiago Guerra Filho.**

Todos os direitos reservados.
Não é permitida a reprodução desta obra sem
aprovação do Grupo Editorial Letramento.

Dados Internacionais de Catalogação na Publicação (CIP) de acordo com ISBD

| | |
|---|---|
| P896o | Prado, Ricardo Tadeu Estanislau |
| | O oficial de justiça concialiador / Ricardo Tadeu Estanislau Prado. - Belo Horizonte : Casa do Direito, 2019. |
| | 156 p. : il. ; 15,5cm x 22,5cm. |
| | Inclui bibliografia e anexo. |
| | ISBN: 978-85-9530-242-6 |
| | 1. Direito civil. 2. Oficial de justiça. I. Título. |
| 2019-855 | CDD 347 |
| | CDU 347 |

**Elaborado por Odílio Hilario Moreira Junior - CRB-8/9949**

Índice para catálogo sistemático:
1. Direito civil 347
2. Direito civil 347

**Belo Horizonte - MG**
Rua Magnólia, 1086
Bairro Caiçara
CEP 30770-020
Fone 31 3327-5771
contato@editoraletramento.com.br
editoraletramento.com.br
casadodireito.com

Casa do Direito é o selo jurídico do
Grupo Editorial Letramento

*Este trabalho é dedicado a memória de minha mãe, Sinira Prado, que em nosso último encontro declarou que eu alcançaria esse momento.*

# AGRADECIMENTOS

Primeiramente agradeço a Deus porque presenteou-me com a oportunidade de realização deste sonho, fazendo-me enxergar a importância e a força da fé.

Agradeço aos juízes Claudio Eduardo Regis Figueiredo e Silva, Andrea Cristina Studer e Marcelo Elias Nachnweng pelo grande apoio e incentivo durante a realização deste trabalho.

Agradeço à minha colega conciliadora Nelcira Cassol Munareto e aos meus colegas oficiais do Fórum Distrital do Continente, Fabrício Pacheco, Fernando Amorim, Lia Roani, Luciano Rengel, Márcio Fiuza, Rafael Hamilton Lima e Tenira de Castro que apoiaram a ideia e abraçaram essa causa.

Agradeço ao desembargador Carlos Roberto da Silva e ao advogado e Professor Eduardo Avelar Lamy pela participação e valiosa contribuição na banca de Mestrado.

Agradeço ao Desembargador Pedro Manoel Abreu, pela honra e privilégio de ter sido seu orientando, pela oportunidade de escrevermos artigos em conjunto e pela enorme contribuição para a realização desse trabalho.

Agradeço a Desembargadora Janice Goulart Garcia Ubialli que aderiu ao presente trabalho, para implementá-lo no TJSC.

Agradeço ao grande amigo Eduardo Ghisleni que, dos bastidores, contribuiu significativamente para o desenvolvimento de ideias pertinentes ao tema.

Agradeço aos meus amigos-*irmãos* Tiago Reinaldo Bagatim Nassar e Rafael Pereira Luchtemberg, que independentemente das circunstâncias, sempre estão de prontidão e se fazem presentes nos momentos de atribulações e dificuldades.

Agradeço ao meus amigos, familiares e às minhas *mães de coração* que tanto me apoiam na busca de meus objetivos e fazem-me acreditar ser capaz das minhas conquistas.

E, por fim, agradeço ao Poder Judiciário de Santa Catarina e à Universidade Federal de Santa Catarina (UFSC) que possibilitaram a realização do Mestrado Profissional em Direito, do qual pude ter a honra e privilégio de fazer parte da primeira turma.

*Insanidade é continuar fazendo sempre a mesma coisa e esperar resultados diferentes.*

Albert Einstein

# SUMÁRIO

**PREFÁCIO**      **15**

**APRESENTAÇÃO**      **17**

**NOTA DO AUTOR**      **21**

**INTRODUÇÃO**      **23**

**1. PODER JUDICIÁRIO E SUA RELAÇÃO COM AS FORMAS ALTERNATIVAS DE SOLUÇÃO DE CONFLITOS**      **27**

1. DA FORMAÇÃO DO PODER JUDICANTE      27

2. A CRISE DO PODER JUDICIÁRIO      28

3. DO REFLEXO NA ECONOMIA      35

4. DOS NÚMEROS DO PODER JUDICIÁRIO      38

5. DA TENDÊNCIA AO ESTÍMULO DAS FORMAS CONSENSUAIS DE SOLUÇÃO DOS CONFLITOS      41

**2. A INTITUCIONALIZAÇÃO DAS FORMAS ALTERNATIVAS DE SOLUÇÃO DOS CONFLITOS**      **45**

1. DO ACESSO À JUSTIÇA      45

1.1 Dos movimentos de evolução do Estado e do acesso à justiça      47

1.2 Dos rumos do acesso à justiça a partir do Projeto Florença      53

| | | |
|---|---|---|
| 2. | DA MODERNA TEORIA DO CONFLITO | 56 |
| 3. | DAS POLÍTICAS JURÍDICO-LEGISLATIVAS VOLTADAS ÀS FORMAS ALTERNATIVAS DE RESOLUÇÃO DE CONFLITOS | 59 |

**3. O OFICIAL DE JUSTIÇA À LUZ DA TENDÊNCIA AUTOCOMPOSITIVA DO CPC/2015** — **65**

| | | |
|---|---|---|
| 1. | TRAJETÓRIA HISTÓRICO-FUNCIONAL DO OFICIAL DE JUSTIÇA | 65 |
| 2. | DOS PREDICADOS EXIGIDOS À FUNÇÃO DE OFICIAL DE JUSTIÇA | 69 |
| 3. | ASPECTOS JURÍDICOS DA AUTOCOMPOSIÇÃO PELO OFICIAL DE JUSTIÇA E ANÁLISE SISTÊMICA DO SEU PERFIL | 71 |

**4. ESTUDO DE CASO ACERCA DA APLICABILIDADE DO ART. 154, VI, CPC** — **83**

| | | |
|---|---|---|
| 1. | O CASO | 83 |
| 2. | DA METODOLOGIA | 84 |
| 3. | DA PESQUISA ACERCA DA APLICABILIDADE DO INCISO VI, ART. 154 DO CPC/2015 | 85 |
| 3.1 | Do resultado da pesquisa no Estado de Santa Catarina | 88 |
| 3.2. | Do resultado da pesquisa no Oficialato de Justiça do Foro Distrital da Capital – Continente | 100 |

| | | |
|---|---|---|
| 4. | DO LEVANTAMENTO DA HIPÓTESE | 104 |
| 4.1 | Da pesquisa-ação no Oficialato do Foro Distrital do Continente | 104 |
| 4.2 | Do resultado da pesquisa-ação | 106 |
| 4.3 | A hipótese levantada na pesquisa-ação à luz da tendência autocompositiva do CPC/2015 | 107 |
| 4.4 | Da aplicação da hipótese levantada na pesquisa-ação | 113 |

**CONCLUSÃO**     **115**

**REFERÊNCIAS**     **119**

**ANEXO I – PASSO-A-PASSO PARA A OBTENÇÃO DE PROPOSTA DE ACORDO**     **127**

I – VERIFICAÇÃO     129

   1º PASSO: VERIFICAÇÃO     129

   2º PASSO: INQUIRIÇÃO INICIAL     130

   3º PASSO: AUDIÇÃO ANALÍTICA     131

   4º PASSO: NEUTRALIZAÇÃO     132

   5º PASSO: CONTEXTUALIZAÇÃO JURÍDICO-PROCESSUAL     132

   6º PASSO: INQUIRIÇÃO PERSUASIVA     133

   7º PASSO: REVELAÇÃO     134

8º PASSO: FORMAÇÃO DA PROPOSTA 135

9º PASSO: RECONHECIMENTO 136

10º PASSO: REDAÇÃO 136

II. MODELO DE CERTIDÃO
COM PROPOSTA DE ACORDO 137

III. FLUXOGRAMA DO PASSO A
PASSO PARA OBTENÇÃO
PROPOSTA DE ACORDO NO MANDADO 138

**ANEXO II – PESQUISA ACERCA DA
APLICABILIDADE DO ART. 154, VI, CPC 139**

**ANEXO III – PESQUISA-AÇÃO 153**

# PREFÁCIO

A obra que tenho grande satisfação em prefaciar é a versão comercial do estudo de caso elaborado pelo oficial de justiça Ricardo Tadeu Estanislau Prado, como requisito de conclusão do curso de Mestrado Profissional em Direito junto à Universidade Federal de Santa Catarina (UFSC).

O trabalho foi meticulosamente construído, dando-se por meio de extensa pesquisa de campo, a qual tive enorme alegria e aprendizado em acompanhar. O estudo foi brilhantemente exposto e arduamente defendido perante exigente Banca Examinadora, composta por mim e pelos Professores Doutores Pedro Manoel Abreu e Carlos Roberto da Silva.

A obra enfocou o processo colaborativo e a ideia de que todos os atos processuais podem e devem se dedicar ao melhor resultado junto às vidas dos litigantes por meio do processo, partindo do pressuposto de que o julgamento do mérito não é o único papel, assim como não é necessariamente a mais importante função desempenhada pelas estruturas que compõem a justiça estatal.

O trabalho demonstrou que a solução substancial dos conflitos passa pela colaboração e pelo comprometimento de todos, inclusive de sujeitos processuais antes não compreendidos como protagonistas, especialmente os oficiais de justiça, ao realizar atos de comunicação processual.

Ricardo construiu e aplicou questionários junto aos oficiais de justiça do Poder Judiciário de Santa Catarina, obtendo informações suficientes para identificar um quadro bastante claro a respeito da atuação destes, como instrumentos de comunicação entre as partes com vistas aos acordos.

A postura do estudo, enfim, reflete voz absolutamente inovadora e demonstra um traço crítico, mas também aponta soluções criativas que

O OFICIAL DE JUSTIÇA CONCILIADOR

combinam extensa pesquisa tanto bibliográfica quanto empírica, significativa reflexão e formidável pragmatismo.

Deste modo, estão de parabéns o autor e o Grupo Editorial Letramento, pelo esforço e dedicação necessários à publicação deste riquíssimo livro, que já está a contribuir imensamente para os nossos atuais estudos do Direito Processual. Agradeço a atenção e despeço-me, assim, a fim de não privar o leitor do imediato contato com o livro.

Boa leitura!

Eduardo Lamy
Advogado, Consultor em Compliance, Professor na Universidade Federal de Santa Catarina (UFSC) e membro do ICA, IIDP e IBDP, Pós-Doutor em Direito pela Universidade Federal do Paraná (UFPR). Doutor e Mestre em Direito pela Pontifícia Universidade Católica de São Paulo (PUC-SP).

# APRESENTAÇÃO

Ricardo Tadeu Estanislau Prado, oficial de justiça do Poder Judiciário de Santa Catarina, desafiou-me a apresentar o presente trabalho, *O Oficial de Justiça Conciliador*, fruto de sua pesquisa na pós-graduação profissional junto ao Centro de Ciências Jurídicas da Universidade Federal de Santa Catarina (UFSC), onde concluiu brilhantemente seu estudo no Mestrado, em defesa pública, sob minha orientação.[1]

Prado é servidor público e formando da primeira turma. Com a defesa pública logrou aprovação, com recomendação de publicação do presente texto, que, pela sua importância, extrapola os limites locais ou profissionais do oficial de justiça. Inaugurou um tema inédito, sobre o qual pouco ou nada se tem escrito, e o faz sob a forma de um Estudo de Caso, justamente na perspectiva do Mestrado Profissional, que tem servido como verdadeiro laboratório para o curso de Direito, trazendo aspectos práticos do seu exercício laboral, de modo a contribuir inegavelmente para a instituição da justiça.

O estudo deste livro é de interesse da administração da justiça, pois encontra efetividade no preceito do art. 154, VI, do Código de Processo Civil, antevendo na figura do oficial de justiça um conciliador externo, que passou a ter o dever secundário de estimular a autocomposição. O presente artigo incumbe ao oficial de justiça certificar, em mandado, a proposta de autocomposição apresentada por qualquer das partes, na ocasião de realização de ato de comunicação que lhe couber.

---

1  É importante constar que, o curso de Mestrado Profissional em Direito da UFSC tem sido oferecido por meio de convênio celebrado entre o Tribunal de Justiça e a Universidade, após ser devidamente aprovado pela CAPES, para atender a um propósito específico de qualificação de magistrados e servidores do Judiciário catarinense.

## O OFICIAL DE JUSTIÇA CONCILIADOR

Nada mais além dessa aparente recomendação que não tem qualquer regulação na lei processual, e que, aparentemente, não tem merecido da doutrina dos próprios oficiais de justiça ou da instituição judiciária, qualquer incentivo na sua aplicação. De efeito, conforme se comprova através do Estudo de Caso, há pouca aplicabilidade do preceito em questão no Poder Judiciário de Santa Catarina ou o seu cumprimento dá-se de forma insatisfatória no universo de 89,40% dos oficias participantes da pesquisa.

Dentre as causas apontadas para essa realidade constatada aponta-se a ausência de conhecimento pleno em relação ao conteúdo e extensão da autocomposição pelo oficial de justiça; a dúvida e insegurança quanto à forma de agir; a falta de suporte e de estímulo; o excesso de mandados, dentre os fatores que podem influenciar na obtenção desses acordos.

Concluiu-se que, para otimizar esses resultados, seria necessária a realização de um curso de capacitação de conciliador para os oficiais de justiça, com técnicas de conciliação e treinamento em audiência, associando a teoria à prática dessa nova atribuição. Com isso, demonstrou-se, ao cabo da pesquisa, que a norma em epígrafe do CPC/2015 representou grande avanço legislativo, ao permitir que o Oficial realize atividade fim da jurisdição, consistente na pacificação dos conflitos, como também configura um marco histórico, ao transformar esse servidor numa espécie de conciliador externo, na perspectiva do acesso à justiça e da solução autocompositiva do litígio, otimizando a prática processual.

Diga-se, ademais, que no ensino jurídico tem-se constatado uma significativa distância entre o discurso teórico e a prática forense, que agora transparece ressurgir como uma perspectiva nova nessa oferta de pesquisa fundada em Estudo de Caso, enaltecendo o caráter empírico do Direito, quase sempre ignorado no estudo da dogmática e da ciência jurídica.

Nesse tocante, observa o saudoso Professor Ovídio Baptista,[2] que a busca da segurança jurídica, idealizada pelo racionalismo, obviou através do manejo da metodologia das ciências da natureza ou da matemática – origem do normativismo moderno – a supressão do estudo de *casos* tanto pela doutrina como pelo ensino universitário. Tanto os manuais como a docência universitária preocupam-se apenas com a *norma*, com a eliminação do *fato*.

---

2    SILVA, Ovídio Araújo Baptista. *Processo e Ideologia*: o paradigma racionalista. 2. ed. Rio de Janeiro: Forense, 2006. p. 36.

Acrescenta o eminente processualista, que a separação entre *direito* e *fato*, inspirada nos dois mundos kantianos – o mundo do *ser* e do *dever ser* – que deita raízes nos filósofos do século XVII, ainda permanece intocada na doutrina contemporânea. Entrementes ninguém duvida que o Direito, como *ciência da compreensão*, exista no *fato*, hermeneuticamente interpretado. Todavia, ensina-se nas universidades o *direito puro*, apenas a *norma*, como *axioma*, não como *problema*. E conclui: "Ao aluno oculta-se a essencial dimensão *problemática* do Direito, que só pode ser compreendido depois, através de uma longa e penosa aprendizagem profissional, que desfaça as ilusões que a Universidade lhe inculcara."

Daí a relevância do Mestrado Profissional, que descortina novas dimensões para o ensino jurídico e para a pesquisa, resgatando a importância de um direito legitimado na problemática jurídica, a revelar a preocupação institucional do sistema de justiça em qualificar os seus quadros, apostando tanto na formação de seus servidores como na dos seus juízes, sobre os quais se assenta a enorme responsabilidade social da prestação do serviços judiciário. Nesse contexto, além de avaliar a qualidade acadêmica do texto e a oportunidade do tema, afianço que se trata de trabalho pioneiro e de consulta necessária, pelo que o recomendo, instigando o leitor para a reflexão de novas perspectivas no estudo do direito processual, com a valorização profissional do oficial de justiça, agora cumprindo um novo mister no exercício de seu trabalho como conciliador externo, nesse esforço comum de assegurar solução autocompositiva dos litígios, otimizando a prática processual.

Pedro Manoel Abreu
Desembargador do Tribunal de Justiça de Santa Catarina
Pós-Doutor pela Universidade de Lisboa

# NOTA DO AUTOR

Esclareço que o título *O oficial de justiça conciliador* não se prende a limitação semântica do termo, tampouco à técnica de conciliação.

Ao longo de mais 3 anos de pesquisa pensei em agregar ao oficial de justiça os adjetivos de pacificador, mediador e conciliador. Embora o primeiro termo fosse mais amplo por absorver os dois últimos, sua vagueza e amplitude não induz imediatamente ao pensamento concreto de como pacificar, ao contrário do último termo, que ao ser ouvido imediatamente induz à ideia de autocomposição por concessões mútuas.

Por outro lado, o artigo 133 da redação original do projeto de lei que originou o Código de Processo Civil (CPC), previa que o oficial de justiça deveria agir como *conciliador*. O uso desse radical também parece ter preferência pelo Conselho Nacional de Justiça (CNJ), quando refere-se aos temas: *Movimento pela Conciliação, Semana da Conciliação,* prêmio *conciliar é legal,* etc.

Dada essa habitualidade e familiaridade com o uso do termo *conciliação* é que optei por utilizar o termo *Conciliador* em sentido figurado, genérico, de modo a absorver nele todas as formas de autocomposição.

Mas não sejamos exigentes demais quanto ao adjetivo empregado, até porque, embora o CPC/2015 marque a transição do Oficial de Justiça Avaliador para o *Oficial de Justiça Avaliador Conciliador,* acredita-se num futuro próximo haverá uma nova transição do cargo para o *Oficial de Justiça Pretor* ou *Oficial de Justiça Resolutor*, o qual terá autonomia plena para resolver todas as determinações do magistrado, como também gerenciar procedimentos executórios e delegados por ele, devolvendo ao juízo atos resolvidos, acabados e perfectibilizados (por exemplo: ampla investigação de bens e renda, penhora, arresto, bacenjud, renajud, ava-

O OFICIAL DE JUSTIÇA CONCILIADOR

liação, leilão, etc.). Em sede de expropriação, ao magistrado caberia os atos decisórios, ao passo que ao *Oficial de Justiça Pretor/Resolutor*, caberia a gestão e execução dos atos expropriatórios previsto em lei.

Por ora, voltamos ao presente momento e mergulhamos na fantástica possibilidade de alcançar a pacificação através do Oficial de Justiça Conciliador.

Boa leitura!

Ricardo Tadeu Estanislau Prado

# INTRODUÇÃO

Os operadores do Direito têm buscado incessantemente formas alternativas de solução dos conflitos para garantir a pacificação social e têm encontrado na desjudicialização dos conflitos, na desburocratização da justiça, no estímulo à autocomposição e nos métodos de tratamento adequado dos conflitos, soluções para melhorar a vazão dos processos, desafogar o Poder Judiciário, tornar o acesso à justiça mais efetivo e resolver os conflitos de modo mais eficaz, gerando, com isso, uma tendência.

Nesse sentido, a Lei n.13.105 de 16 de março de 2015 que instituiu o Código de Processo Civil (CPC/2015) demonstrou uma tendência autocompositiva ao incluir em suas normas fundamentais a obrigação de o Estado promover, sempre que possível, a solução consensual dos conflitos, determinando de forma expressa aos juízes, advogados, defensores públicos e membros do Ministério Público a obrigação de estimular a conciliação, mediação e outros métodos de solução consensual dos conflitos. Nesse ponto, há doutrinador que afirma que o CPC/2015 trouxe um novo princípio, o da promoção da solução consensual dos conflitos.

Ao Oficial de Justiça, o CPC/2015 passou a exigir que fosse certificada a proposta de autocomposição apresentada por qualquer uma das partes, silenciando quanto à obrigação ou não de estimular a solução consensual dos conflitos.

Por isso a importância de se aprofundar o estudo de caso acerca da autocomposição pelo oficial, traduzida pela tendência autocompositiva do CPC/2015, até porque ele é o personagem estatal que mais tem acesso aos jurisdicionados, um verdadeiro *conciliador natural*. Na maioria das vezes o primeiro conflito que ele resolve é a resistência da parte em recebê-lo, ouvi-lo, aceitar cópia do mandado e apor sua assinatura. Deve-se reco-

O OFICIAL DE JUSTIÇA CONCILIADOR

nhecer que, naturalmente, esse servidor está inclinado a autodesenvolver técnicas e ferramentas de persuasão para a execução das ordens judiciais.

Contudo, desde a entrada em vigor do Código de Processo Civil de 2015, pouco se veiculou, escreveu ou se ouviu a respeito da nova atribuição desse servidor, consistente em certificar proposta de autocomposição ofertada pelas partes, gerando incertezas quanto à dimensão e amplitude do artigo 154, VI, CPC, e se a norma nele contida, por si só, seria suficiente para ensejar o surgimento de propostas de autocomposição.

Nesse cenário, emergem-se dúvidas: Como o atual oficial de justiça deve agir em relação à autocomposição? A norma contida no artigo 154, VI, CPC/2015, consistente em certificar a proposta de autocomposição tem sido aplicada pelos oficiais de justiça do Poder Judiciário Catarinense? Quais fatores poderiam estar relacionados para gerar menor ou maior incidência da norma em comento? E, por último, existe alguma hipótese que possa contribuir para maior aplicabilidade?

Antes de adentrar no tema da aplicabilidade do inciso VI, art. 154, CPC/2015, foi necessário um estudo dos institutos envolvidos na pesquisa e suas correlações com a tendência ao estímulo das formas alternativas de solução dos conflitos – das quais a tendência autocompositiva é espécie. Esse estudo prévio permitiu a contextualização da teoria de base – tendência autocompositiva – e serviu para legitimar a hipótese a ser levantada, na parte final da estudo de caso.

Portanto, o presente estudo de caso tem por objetivo:

a. identificar o perfil do Oficial adequado a atender a tendência autocompositiva do CPC/2015;

b. aferir se a norma contida no artigo 154, VI , CPC/2015 tem sido amplamente aplicada pelos oficiais de justiça do Poder Judiciário Catarinense;

c. investigar quais fatores poderiam estar relacionados para menor ou maior incidência da norma em comento;

d. levantar hipótese(s) para otimização dessa aplicabilidade, que esteja alinhada à tendência autocompositiva do CPC/2015 e à tendência ao estímulo às formas alternativas de solução de conflitos que permeiam o mundo jurídico.

Para tal, utilizou-se o método hipotético dedutivo. Para a contextualização da teoria de base, compreendendo os três primeiros capítulos, foi utilizado o procedimento de pesquisa bibliográfica. E, para a aferição da aplicabilidade do art. 154, VI, CPC, levantamento de suas variáveis e da hipótese de otimização, foram utilizados os procedimentos pesquisa de campo e análise de resultados, através de um questionário direcionado a todos os oficiais de justiça do Poder Judiciário de Santa Catarina e por meio de uma pesquisa-ação realizada em um dos seus oficialatos.

Portanto, o presente estudo de caso foi dividido em quatro capítulos, dos quais os três primeiros têm cunho teórico e o último empírico. No primeiro capítulo foi feita uma análise sistêmica do Poder Judiciário a fim de investigar seu interesse no estímulo às formas alternativas de solução de conflitos. No segundo capítulo, fez-se uma análise sistêmica da institucionalização das formas alternativas da solução de conflitos por meio do acesso à justiça e à moderna teoria do conflito, bem como a realização de um levantamento das políticas jurídico-legislativas voltadas à desjudicialização, à autocomposição e ao tratamento adequado dos conflitos. No terceiro capítulo, organizou-se um resgate histórico-funcional do Oficial de Justiça, um estudo de seus predicados e dos aspectos jurídicos da autocomposição por esse servidor. No quarto capítulo, analisou-se o caso – aplicabilidade do art. 154, VI, CPC –, a pesquisa de campo, aferição dos resultados, levantamento da hipótese e sua confrontação com a teoria de base, terminando o estudo proposto.

Oportuno registrar que, para o desenvolvimento do presente trabalho, optou-se pelo entendimento majoritário da doutrina, também aderido pelo CPC/2015, consistente em classificar a conciliação e a mediação como formas de autocomposição e não de heterocomposição.

# 1. PODER JUDICIÁRIO E SUA RELAÇÃO COM AS FORMAS ALTERNATIVAS DE SOLUÇÃO DE CONFLITOS

## 1. DA FORMAÇÃO DO PODER JUDICANTE

Ao proibir os cidadãos de resolver seus litígios pela autotutela – ressalvadas hipóteses legais – o Estado como detentor do monopólio da atividade judicante chama para si a responsabilidade para dirimir todos os conflitos existentes sob seu território e jurisdição.

Vale um esforço histórico para relembrar que à época do descobrimento, os conflitos existentes no Brasil colônia eram solucionados sob à égide das Ordenações Afonsinas, que posteriormente foram substituídas pelas Ordenações Manuelinas.[3]

Nesse tempo, a jurisdição não era realizada através de um órgão estatal estruturado, como ocorre atualmente, mas por autoridades delegadas, como exemplo, em 1530 Martim Afonso da Silva foi investido como autoridade administrativa e judiciária para dirimir os conflitos ocorridos em solo brasileiro. Três anos depois, foram instituídas as Capitanias Hereditárias, cujos titulares tinham poderes para julgar, podendo delegar tais poderes a Ouvidores.[4]

---

3   NEQUETE, Lenine. *O Poder Judiciário no Brasil*: crônica dos tempos coloniais. Brasília: Supremo Tribunal Federal, 2000. p. 5. v. 1

4   VELLOSO, Carlos. O Supremo Tribunal de Justiça do Império e Supremo Tribunal Federal Republicano. Discurso em comemoração da Suprema Corte. Notícias do STF. Brasília, 2003. Disponível em: <http://www.stf.jus.br/portal/cms/verNoticiaDetalhe.asp?idConteudo=61310>. Acesso em: 24 abr. 2019.

## O OFICIAL DE JUSTIÇA CONCILIADOR

Em 1549, o Rei Dom João estabelece o Governo Geral do Brasil e é quando a atividade jurisdicional passa, no âmbito da colônia, a centralizar nas mãos do Governador-Geral, que também exercia atividades administrativas, auxiliado pelos encarregados dos negócios da Justiça (Ouvidor-Mor) e da Fazenda (Provedor-Mor).[5] A partir de então, vai se formando um órgão estatal detentor da atividade judicante, com vistas a solucionar os litígios sob sua jurisdição.

Uma vez estruturado e institucionalizado, o Poder Judiciário tem o dever de atender às demandas na medida e proporção em que surgem e, por consequência, assume a difícil tarefa de estar preparado para o aumento populacional, evolução da sociedade e de seus conflitos.

Ocorre que o aumento populacional e a evolução da norma jurídica do Estado, cuja dinâmica busca cada vez mais ampliar a esfera dos direitos a serem tutelados e os meios de garantir instrumentalmente essa finalidade, resultam no aumento exponencial dos conflitos, como também na complexidade destes, em proporção incompatível com a capacidade assimilativa do Poder Judiciário.

Isso porque, sendo o Poder Judiciário um órgão essencialmente burocrático, uma vez que a jurisdição é prestada por meio de um processo com normas e procedimentos previstos em lei, possui capacidade limitada de vazão dos processos e o seu grande desafio é conseguir atender a essa demanda na medida em que é gerada, com qualidade e tecnicidade condizentes com o desenvolvimento da sociedade e de seus conflitos, e com vistas à pacificação social.

## 2. A CRISE DO PODER JUDICIÁRIO

A incapacidade do Judiciário de assimilar a demanda gerada ao longo dos anos culminou em um número estrondoso de processos aguardando uma solução definitiva. Justiça lenta, obstruída e engessada que culminou em uma crise institucional do sistema.

Num primeiro momento, o ponto mais visível e incômodo da crise do Judiciário está na sua lentidão e ineficiência, sendo constantemente justificada pelo aumento dos processos.

---

5    MENDES, Aluisio Gonçalves de Castro. O Poder Judiciário no Brasil. Versão escrita da conferência apresentada pelo autor no Colóquio Administración de justicia em Iberoamérica y sistemas judiciales comparados, realizado em outubro de 2005, na Cidade do México. Disponível em: <http://www. ajuferjes.org.br/PDF/Poderjudiciariobrasil.pdf>. Acesso em: 24 abr. 2019.

Em entrevista realizada em 2 de junho de 2003 pelo Instituto de Estudos Avançados da Universidade de São Paulo (USP), o magistrado Dyrceu Aguiar Dias Cintra Júnior,[6] um dos fundadores da Associação Juízes para a Democracia, apontava a redemocratização, o aumento do conhecimento dos direitos e maior facilitação do acesso à justiça como fatores que teriam culminado em um aumento estrondoso das demandas, incompatível com a capacidade de gestão do Poder Judiciário.

Neste ponto, esse amplo acesso à justiça, previsto constitucionalmente como garantia estabelecida a partir da ideia de universalidade e gratuidade, desencadeou um aumento expressivo do número das demandas judiciais reprimidas, incompatíveis com a capacidade assimilativa da máquina judiciária, resultando na lentidão do Judiciário e violando a própria garantia de acesso à Justiça, assegurada pela Carta Magna.

O fato é que esse acúmulo de ações aguardando julgamento é resultado de uma crise sistêmica, como sugere Joaquim Falcão:

> A crise da justiça pode ser entendida como crise sistêmica. Expliquemos melhor. O sintoma mais evidente dessa crise é a ineficiência e lentidão do Judiciário. O que realmente significa eficiência e lentidão dentro de uma perspectiva sistêmica? Trata-se basicamente da defasagem entre, de um lado, a quantidade de conflitos sociais que, transformados em ações judiciais, chegam ao sistema (Poder Judiciário) e, de outro, a oferta de decisões (sentenças e acórdãos) que buscam equacionar esses conflitos.[7]

Contudo, a crise do Judiciário é consequência da crise do Estado como um todo, que se origina de um deliberado processo do seu enfraquecimento, refletindo em todas as instituições. Um exemplo disso é o Direito conhecido e aplicado, posto pelo Estado, assim o é porque seus textos são escritos pelo Legislativo e enquanto suas normas são aplicadas pelo Judiciário.[8]

---

6   CINTRA JR., Dyrceu de Aguiar. Reforma do Judiciário: não pode haver ilusão. *Estudos Avançados*, São Paulo, v. 18, n. 51, p. 169-180, ago. 2004. Disponível em: <https://www.revistas.usp.br/eav/article/view/10006/11578>. Acesso em: 24 abr. 2019.

7   FALCÃO, Joaquim. Estratégias para a reforma do judiciário. In: RENAULT, Sérgio Rabello Tamm; BOTTINI, Pierpaolo (Coords.). *Reforma do judiciário*. São Paulo: Saraiva, 2005. p. 16.

8   SPENGLER, Fabiana Marion. *O Estado-jurisdição em crise e a instituição do consenso:* por uma outra cultura no tratamento de conflitos. 453 f. Tese (Doutorado em Direito) – Programa de Pós-graduação em Direito da Universidade do Vale dos Sinos, São Leopoldo, 2007. p. 144.

Fabiano Colusso acentua que tratar da crise do Judiciário implica analisar "um fato de inúmeras faces"[9] – teóricas e empíricas – e que ela se confunde com as tensões vividas pelo Direito moderno e as inúmeras crises e transformações pelas quais o Estado passou.

Por essa razão, recomenda-se que a crise do Judiciário seja analisada a partir da crise do Estado, verificando sua gradativa perda de soberania, sua incapacidade de oferecer a prestação jurisdicional de forma célere, a incapacidade de controlar seu destino, sua vulnerabilidade nas esferas Legislativa, Executiva e Judiciária. Enfim, sua quase total perda na exclusividade de dizer e aplicar o Direito.[10]

José Luis Bolzan de Morais discorre sobre cinco crises do Estado, sendo elas:

1. crise conceitual: caracterizada pelo enfraquecimento do poder soberano;

2. crise estrutural: caracterizada pela falta de estrutura para exercer a atividade estatal;

3. crise constitucional (institucional): caracterizada pela incapacidade do estado constitucional dar conta dos novos desafios;

4. crise funcional: caracterizada pela desconcentração e perda dos poderes típicos da divisão triparte do Estado;

5. crise política (e da representação): caracterizada pela ausência de alternativas reais de escolha.[11]

---

9   RIBEIRO, Fabiano Colusso. *Acesso à Justiça e Desjudicialização*: reflexões sobre a viabilidade da desjudicialização da Execução Civil. 254 f. Dissertação (Mestrado em Direito) –Pós-Graduação em Direito da Universidade do Vale do Itajaí, Itajaí, 2018. p. 64.

10  SPENGLER, Fabiana Marion, 2007, p. 144.

11  BOLZAN DE MORAIS, José Luis (Org.). *O Estado e suas crises*. Porto Alegre: Livraria do Advogado, 2005. p. 927.

A crise conceitual do Estado está ligada à ideia de desaparecimento de um poder soberano centralizado nas mãos do ente estatal, como era em sua origem, haja vista a complexidade social e a pluralidade das sociedades democráticas, bem como ao fenômeno da globalização e ao novo caráter das relações internacionais. Cf: ESPÍNDOLA, Angela Araujo da Silveira. A Crise Conceitual e a (re)construção interrompida da soberania: o fim do Estado Nação? In: BOLZAN DE MORAIS, José Luis (Org.). *O Estado e suas crises*. Porto Alegre: Livraria do Advogado, 2005. p. 57.

Porém a crise do Judiciário fica mais centrada na crise de eficiência[12] e na crise de identidade.[13] Todos os reflexos a elas correlatos, principalmente

---

A crise estrutural está ligada ao aumento da atividade estatal a partir da passagem do Estado Liberal para o *Welfare State*, quando o Estado passou a assumir políticas promocionais de intervenção sem ter estrutura adequada para realizá-las, cujo descompasso entre a atividade estatal e estrutura para efetivação ainda permanece até os dias atuais. Cf.: BOLZAN DE MORAIS, José Luis, 2005, p. 16.

A crise constitucional traduz-se na "incapacidade do constitucionalismo moderno e da própria expressão do Estado Constitucional em dar conta dos novos desafios", levando-se em consideração que "a própria concepção de Constituição dirigente e compromissária acaba sendo questionada, dada as dificuldades enfrentadas no âmbito de um Estado enfraquecido." Cf.: ENGELMANN, Wilson. A Crise Constitucional: a linguagem e os direitos humanos como condição de possibilidade para preservar o papel da Constituição no mundo globalizado. In: BOLZAN DE MORAIS, José Luis, 2005. p. 226.

A crise funcional está relacionada a desconcentração do poder e a perda da exclusividade com o surgimento de novos centros de decisão, fazendo com que se repense a própria tradicional separação dos poderes. Cf.: BOLZAN DE MORAIS, José Luis, 2005, p. 23.

A crise política se traduz no surgimento de uma apatia política em decorrência da falta de alternativa real de escolha dos representantes que, limitados pelo contexto econômico que interfere na criação de respostas aos anseios sociais, acabam por utilizar dos mesmos padrões políticos. Cf.: BOLZAN DE MORAIS, José Luis, 2005, p. 21.

12 Intimamente ligada à crise de identidade, encontra-se a crise de eficiência, uma vez que, impossibilitado de responder de modo eficiente à complexidade social e litigiosa diante da qual se depara, o Judiciário sucumbe perante a inovadora carga de tarefas a ele submetidas. Evidencia-se, então, o "[...] flagrante descompasso entre a procura e a oferta de serviços judiciais, em termos tanto qualitativos quanto quantitativos". Esse descompasso entre a oferta e a procura gera uma frustração geral, decorrente da morosidade e da pouca eficiência dos serviços judiciais, quando não da sua simples negação aos segmentos desfavorecidos da população, que ainda precisam lidar com a diferença entre a singela concepção de justiça que possuem e a complexidade burocrático/formal dos ritos processuais. Cf.: SPENGLER, Fabiana Marion, 2007, p. 150.

13 A crise funcional da jurisdição desemboca na desregulamentação e na deslegalização que nem mesmo no Legislativo encontram barreiras, uma vez que quanto mais os legisladores tentam planejar, controlar, dirigir menos conseguem ser eficazes e obter resultados satisfatórios. Assim, não resta ao Legislativo outra alternativa para preservar sua autoridade funcional: quanto

O OFICIAL DE JUSTIÇA CONCILIADOR

o fato de que sua ocorrência está vinculada a um positivismo jurídico inflexível, o qual traz como consequência o "esmagamento" da justiça e a descrença do cidadão comum.[14]

A crise de eficiência da jurisdição é consequência de outras crises:

1. crise estrutural: traduzida pelas dificuldades quanto à infraestrutura de instalações, pessoal, equipamentos, custos, etc;

2. crise objetiva: referente a aspectos pragmáticos da atividade jurídica, englobando questões de linguagem técnico-formal utilizada nos rituais e trabalhos forenses, de burocratização e lentidão dos procedimentos, e de acúmulo das demandas;

3. crise subjetiva ou tecnológica: vinculada à incapacidade tecnológica dos operadores jurídicos tradicionais de lidarem com novas realidades fáticas que exijam não apenas a construção de novos instrumentos legais, mas também a reformulação das mentalidades a um fato ocorrido na realidade;

4. crise paradigmática: respeitante aos métodos e conteúdos utilizados pelo Direito para buscar o tratamento pacífico dos conflitos, partindo da atuação prática do direito aplicável ao caso *sub judice*.[15]

Já a crise de identidade aponta outros três problemas que acabam influenciando na crise de eficiência, resumidos a uma desconexão entre a realidade social, econômica e cultural, da qual são advindos os conflitos e a realidade legal obsoleta e ultrapassada.[16]

Sob outro ponto de vista, Vera Lúcia Ponciano[17] entende que a crise do Judiciário é consequência dos seguintes fatores: morosidade; ausência de

---

menos tentarem disciplinar e intervir, menor será o risco de serem desmoralizados pela inefetividade de seu instrumental regulatório. A consequência é nefasta: parte significativa dos direitos nacionais vem sendo internacionalizada e outra parte esvaziada pelo crescimento de normas "privadas". Desse modo, a desregulamentação e a deslegalização do Estado-nação significam a re-regulamentação e a relegalização em termos de sociedade, mais precisamente, das organizações privadas. Cf.: SPENGLER, Fabiana Marion, 2007, p. 149.

14  SPENGLER, Fabiana Marion, 2007, p. 146.

15  SPENGLER, Fabiana Marion, 2007, p 151-152.

16  SPENGLER, Fabiana Marion, 2007, p 151-152.

17  PONCIANO, Vera Lúcia Feil. *Reforma do Poder Judiciário*: limites e desafios. 2009. Dissertação (Mestrado em Direito Econômico e Socioambiental) –

modernização; falta de padronização nos procedimentos; legislação processual inadequada e ultrapassada; deficiência quantitativa e qualitativa na área de recursos humanos – juízes e servidores –; falta de transparência; ausência de democratização.

A morosidade também é decorrente do ensino jurídico formalista e desatualizado, da tradição discursiva dos bacharéis e da burocratização dos procedimentos legais e práticas judiciárias. Nesse modelo, o operador do direito, de tradição excessivamente formalista, atua com pouca prática e foca em questões secundárias – processuais – em detrimento de questões objetivas – centrais –, o que acaba dificultando a aplicação da Justiça.[18]

Ademais, esse ensino jurídico formalista tradicional prepara os futuros operadores de Direito a atuarem com uma mentalidade voltada a uma cultura demandista ou do litígio, onde sua competência e profissionalismo são mensurados pelo grau de energia que impõem no embate contra o adversário.

Nessa perspectiva, oportuna a lição de Lênio Luiz Streck:

> Parte-se, pois, da premissa de que as práticas argumentativas do Judiciário, da dogmática jurídica e das escolas de Direito são consubstanciadas pelo que se pode denominar de sentido comum teórico dos juristas ou campo jurídico (Warat-Bourdieu), o qual insere-se no contexto da crise do modelo de Direito de cunho liberal-individualista. Para tanto, basta um passar d'olhos no Direito penal e a cultura manualesca-estandartizada que domina a aplicação desse ramo do Direito. Essa crise do modelo (dominante) de Direito (ou modo de produção de Direito) institui e é instituída por uma outra crise, aqui denominada/trabalhada como *crise dos paradigmas aristotélico-tomista* de interpretação/aplicação do Direito ainda dominante no "campo jurídico", vigorante no Brasil.[19]

Maria Tereza Sadek e Rogério Bastos Arantes vão mais além e acrescentam que a crise do Judiciário também é resultante da mentalidade dos magistrados:

---

Pontifícia Universidade Católica do Paraná, Curitiba. p. 62. Disponível em: <http://www.egov.ufsc.br/portal/sites/default/files/ponciano_vera_lucia_feil._reforma_do_poder_judiciario_limites_e_desafios.pdf>. Acesso em: 24 abr. 2019.

18 CINTRA JR., Dyrceu de Aguiar. Reforma do Judiciário: não pode haver ilusão. *Estudos Avançados*, São Paulo, v. 18, n. 51, p. 169-180, ago. 2004. Disponível em: <https://www.revistas.usp.br/eav/article/view/10006/11578>. Acesso em: 24 abr. 2019.

19 STRECK, Lenio Luiz. *Hermenêutica jurídica em crise*. 11. ed. Porto Alegre: Livraria do Advogado, 2014. p. 18.

## O OFICIAL DE JUSTIÇA CONCILIADOR

A todos esses fatores – falta de agilidade da estrutura burocrática, deficiências no quadro de servidores da Justiça, baixa qualificação dos bacharéis e número reduzido de juízes – deve-se acrescentar ainda uma série de problemas concernentes à mentalidade dos juízes. Esta questão é certamente mais ampla do que a da estrita formação acadêmica e do processo de socialização interno à instituição, embora tenha aí um ponto de partida. O sinal mais visível desta crise reflete num espírito excessivamente corporativo, pouco sensível a mudanças nos valores sociais e avesso a mecânicos de controle interno. [20]

Outro fator que pode ser apontando como responsável pela crise do Judiciário é a postura do Estado enquanto litigante, pois além de ser um mau pagador e consequentemente o maior litigante, contribuindo para a morosidade do Judiciário, adota postura inflexível, oferecendo injustificável resistência nas causas em que é parte, bem como não adota políticas públicas voltadas aos meios alternativos de resolução de conflitos.

Em estudo realizado pelo CNJ em 2011, denominado "Os 100 maiores litigantes", apurou-se que o Setor Público – Federal, Estadual e Municipal – era responsável por 51% do total das demandas em trâmite no Judiciário, no ano da pesquisa.[21]

Isso demonstra que a ineficiência e ineficácia do Estado em outras áreas acaba desaguando no Poder Judiciário, que é o *Poder Salvaguarda* dos demais e que tem o dever de afastar a lesão ao direito a ser tutelado em juízo.

Por isso a crise do Poder Judiciário está, antes de tudo, relacionada à crise do Estado como um todo, que não consegue ser eficaz e eficiente no papel a que se propõe, refletindo na crise funcional, caracterizada pela "[...] incapacidade do Estado de exercer de forma exclusiva e centralizada as funções legadas pela tradição política moderna da tripartição dos Poderes."[22]

---

20  SADEK, Maria Tereza; ARANTES, Rogério Bastos. A crise o judiciário e a visão dos juízes. *Revista USP*, São Paulo, n. 21, 1994. p. 40.

21  CONSELHO NACIONAL DE JUSTIÇA. Os 100 maiores litigantes. 2011. Disponível em: <http://www.cnj.jus.br/images/pesquisas- judiciarias/pesquisa_100_maiores_litigantes.pdf>. Acesso em: 13 jan. 2018.

22  LUCAS, Doglas Cesar. A crise do Estado e o cenário da jurisdição desafiada. In: BOLZAN DE MORAIS, José Luis, 2005. p. 170.

Esse cenário provoca uma imensa insatisfação e um total descrédito por parte dos jurisdicionados perante o sistema judiciário nacional, marcado por uma fase institucional abalada pela descrença, pela cobrança de soluções e pelo desrespeito institucional dos mais diversos segmentos sociais, onde se questiona até mesmo a divisão tripartite de poder.[23]

Diante dos fatores apontados como contributivos para crise do Poder Judiciário, foram observados vários decorrentes e de responsabilidade de outros Poderes do Estado, como por exemplo a legislação deficiente – falha do Poder Legislativo – e falta de qualidade do ensino jurídico – falha do Poder Executivo. Isso demonstra que a crise do Poder Judiciário está interligada com a *crise dos Poderes Estatais*.

Nesse contexto e cenário de crise, não resta alternativa ao Judiciário que não seja estruturar-se, tentar dar vazão aos processos na medida em que são gerados e buscar experiências e meios alternativos de solução de conflitos, de modo a cumprir suas funções de acordo com as expectativas sociais.

## 3. DO REFLEXO NA ECONOMIA

O regime político e econômico vigente é o neoliberal globalizado, caracterizado pela disseminação das ideias econômicas, da lógica eficientista e pelo protagonismo da Ciência econômica em relação ao Direito, refletindo no redimensionamento da função do Estado em face do mercado.[24]

Nesse panorama, o Direito brasileiro, assimilando as ideias econômicas e a lógica eficientista do neoliberalismo globalizado, inflexionou o Estado a ter uma atuação mais eficiente, como se pode observar nas últimas décadas, em que a atuação do Judiciário vem sendo sensivelmente marcada por constantes mudanças legislativas, justificadas pelo discurso da eficiência.

A ineficiência do Judiciário também impacta a economia e contribui para aferimento do Risco Brasil, isso porque um Judiciário disfuncional aumenta o custo e os risco das transações econômicas.

Nesse mesmo prisma, para a aplicação em investimentos são exigidos modelos jurídicos estáveis, onde são garantidos os direitos de propriedade

---

23  ALVES, Eliana Calmon. A crise do Poder Judiciário. *Correio Braziliense*, Caderno Direito e Justiça, Brasília, n. 11310, p. 4-5, 18 abr. 1994.

24  MARCELINO JUNIOR, Júlio Cesar. *Análise econômica do acesso à justiça*: a tragédia dos Custos e a Questão do Acesso Inautêntico. Rio de Janeiro: Lumens Juris, 2016. p. 11.

O OFICIAL DE JUSTIÇA CONCILIADOR

e a observância dos contratos. Em geral, os contratos de investimentos são complexos e de longo prazo, projetando todas as situações que podem vir a ocorrer, para não se ficar à mercê de um árbitro para alvitrar as lacunas não previstas na contratualidade.[25]

Um Judiciário tardio e imprevisível prejudica os investimentos porque as disputas judiciais longas exigem um grande esforço financeiro na contratação de profissionais da área jurídica, além dos impactos econômicos pelo descumprimento dos contratos em lide.

Ademais, a prevenção das disputas judiciais exige a manutenção de equipe jurídica qualificada e atenta às mudanças da legislação e das interpretações judiciais, de modo a despender-se recursos escassos e que poderiam ser direcionados a outras áreas do empreendimento.

Com vistas à melhoria dos índices econômicos e ao desenvolvimento do setor privado é que o Banco Mundial, em Washington, DC; apresentou em junho de 1996 o Relatório Técnico n.º 319 do Banco Mundial, que teve por objeto a análise do Poder Judiciário na América do Sul e Caribe e que resultou em recomendações e incentivo para a reforma do Judiciário no Brasil e em outros países vizinhos da América do Sul.[26]

Arnaldo Castelar Pinheiro destaca alguns objetivos específicos do Banco Mundial no Documento Técnico 319:

a. aprimoramento da qualidade na prestação de serviços judiciais;

b. redução da morosidade;

c. ampliação do acesso à Justiça;

d. Implantação de Mecanismos Alternativos de Resolução de Conflitos (MARC), em conformidade com os interesses e padrões internacionais;

e. dotação do Judiciário de transparência e previsibilidade de decisões, para fomentar um ambiente propício ao comércio, financiamentos e investimentos;

---

25 PINHEIRO, Armando Castelar (Org.). O Judiciário e a economia do Brasil. Rio de Janeiro: Centro Edelstein de Pesquisas Sociais, 2009. Disponível em: <http://books.scielo.org/id/zz9q9/pdf/castelar-9788579820199-00.pdf>. Acesso em: 24 abr. 2019.

26 DAKOLIAS, Maria; BANCO MUNDIAL. Documento Técnico nº. 319 do Banco Mundial. O Setor Judiciário na América Latina e no Caribe: elementos para uma Reforma. 1996. Disponível em: <https://www.anamatra.org.br/attachments/article/24400/00003439.pdf>. Acesso em: 24 abr. 2019.

f.  garantia dos direitos individuais, da propriedade e o respeito aos contratos, de forma previsível. [27]

O Banco Mundial, por meio do documento n° 319, influenciou a Reforma do Judiciário brasileiro, que por sua vez foi produzida pela Emenda Constitucional n° 45 de 2004, introduzindo profundas mudanças na estrutura do sistema de justiça. Por conta disso, estabeleceram-se diretrizes de desenvolvimento de um Judiciário pró-eficiente, dando grande importância à abreviação de procedimentos e à velocidade no trâmite processual.

Nesse viés, a reforma do Judiciário faz parte de um processo de redefinição do Estado e suas relações com a sociedade. Nesse tocante, o desenvolvimento econômico não pode continuar sem um efetivo reforço, definição e interpretação dos direitos e garantias sobre a propriedade.

Das significativas mudanças geradas pela Emenda Constitucional n° 45 de 2004, merecem destaque a criação Súmula Vinculante e a criação do Conselho Nacional de Justiça (CNJ), que passou a exercer o papel normatizador de controle administrativo do Judiciário e acompanhamento do desempenho dos magistrados a partir do estabelecimento de metas.

Ainda em 2004, oito anos depois da edição do Documento 319, com a preocupação dos impactos do desenvolvimento do Judiciário sobre setor privado, o Banco Mundial patrocinou um estudo intitulado "Fazendo com que a Justiça conte – medindo e aprimorando o desempenho do Judiciário no Brasil".[28] Constatou-se que o Brasil estava passando por uma crise do Judiciário, associada à morosidade, congestionamento, custos, falta de acesso e corrupção, além de reconhecer que a pesquisa lança dúvida sobre atribuir essa crise exclusivamente aos juízes, provando que existem outros atores – e não só o Judiciário, que contribuem tanto ou mais, para a ineficiência do sistema judicial.

---

27  PINHEIRO, Armando Castelar (Org.). O Judiciário e a economia do Brasil. Rio de Janeiro: Centro Edelstein de Pesquisas Sociais, 2009. Disponível em: <http://books.scielo.org/id/zz9q9/pdf/castelar-9788579820199-00.pdf>. Acesso em: 24 abr. 2019.

28  BANCO MUNDIAL. Fazendo com que a justiça conte – medindo e aprimorando o desempenho do Judiciário no Brasil. Washington, DC, Relatório n°. 32789-BR, de 30/12/2004. Disponível em: <http://www.amb.com.br/docs/bancomundial.pdf>. Acesso em: 24 abr. 2019.

No referido relatório restou comprovado que o número de processos distribuídos por juízes brasileiros supera os padrões internacionais. A quantidade de processos em trâmite, considerada exagerada pelo Banco Mundial, tem papel relevante na crise. No ano de referência para a pesquisa foram ajuizadas ou sentenciadas em média 1.357 ações para cada juiz federal, trabalhista ou estadual do país.

Paradoxalmente, o número de juízes brasileiros não cresceu na proporção necessária. Enquanto na Argentina são 10,9 juízes para cada 100 mil habitantes, no Brasil tem-se 5,3 magistrados. E ainda, no mesmo período a demanda foi de 875 ações para os juízes argentinos e de 377 para os venezuelanos.[29]

Apesar de o relatório concluir que a produtividade do Judiciário brasileiro é a maior da América Latina, as quantidades de ações que demandam questões de governo, impostos e pensões contribuem para o agravamento da crise, aliado aos juizados especiais, que ao invés de aliviar a jurisdição comum de sua carga de processo, apresentam um estrondoso número de processos.[30]

Por fim, o Banco Mundial através do Relatório 32789 BR reconheceu a necessidade de ampliação racional das formas alternativas de Justiça, como maneira de atenuar a Crise do Judiciário.

## 4. DOS NÚMEROS DO PODER JUDICIÁRIO

Segundo o "Relatório Justiça em Números 2018" o Poder Judiciário finalizou o ano de 2017 com 80,1 milhões de processos em tramitação, aguardando alguma solução definitiva. Durante o ano de 2017 ingressaram 29,1 milhões de processos e foram baixados 31 milhões. Desses, 14,5 milhões estavam suspensos, sobrestados ou em arquivos provisórios.[31]

---

29  BANCO MUNDIAL. Fazendo com que a justiça conte – medindo e aprimorando o desempenho do Judiciário no Brasil. Washington, DC, Relatório n°. 32789-BR, de 30/12/2004. Disponível em: <http://www.amb.com.br/docs/bancomundial.pdf>. Acesso em: 24 abr. 2019.

30  BANCO MUNDIAL. Fazendo com que a justiça conte – medindo e aprimorando o desempenho do Judiciário no Brasil. Washington, DC, Relatório n°. 32789-BR, de 30/12/2004. Disponível em: <http://www.amb.com.br/docs/bancomundial.pdf>. Acesso em: 24 abr. 2019.

31  CONSELHO NACIONAL DE JUSTIÇA. Justiça em número 2018: ano-base 2017. p. 73. Disponível em: <http://www.cnj.jus.br/files/conteudo/arquivo/2018/08/44b7368ec6f888b383f6c3de40c32167.pdf>. Acesso em: 24 abr. 2019.

Desde 2009, o ano de 2017 registrou o menor crescimento de estoque, com variação de 0,3 % em relação ao saldo de 2016, ou seja, houve um incremento de 244 mil processos, conforme gráfico:

Gráfico 1 – Série histórica dos casos novos e processos baixados

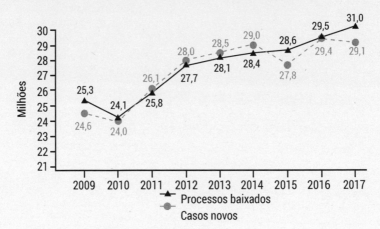

Fonte: CONSELHO NACIONAL DE JUSTIÇA. Justiça em número 2018: ano-base 2017. Disponível em: <http://www.cnj.jus.br/files/conteudo/arquivo/2018/08/44b7368ec6f888b-383f6c3de40c32167.pdf>. Acesso em: 24 abr. 2019.

O destaque para o resultado de 2017 foi a atuação da Justiça Estadual que historicamente mantinha crescimento médio de 4% e em 2017 o acréscimo foi de apenas 0,4%.[32]

Porém, apesar do número de processos baixados ter sido maior que o número de casos novos, o estoque de processos no Poder Judiciário (81,1 milhões) continua aumentando desde o ano de 2009. O crescimento acumulado no período (2009-2017) foi de 31,9%, ou seja, um acréscimo de 19,4 milhões de processos.[33]

Mesmo tendo baixado casos em volume maior do que o quantitativo ingressado, com Índice de Atendimento à Demanda na ordem de 106,5%,

---

32  CONSELHO NACIONAL DE JUSTIÇA. Justiça em número 2018: ano-base 2017. p. 74. Disponível em: <http://www.cnj.jus.br/files/conteudo/arquivo/2018/08/44b7368ec6f888b383f6c3de40c32167.pdf>. Acesso em: 24 abr. 2019.

33  CONSELHO NACIONAL DE JUSTIÇA. Justiça em número 2018: ano-base 2017. p. 73. Disponível em: <http://www.cnj.jus.br/files/conteudo/arquivo/2018/08/44b7368ec6f888b383f6c3de40c32167.pdf>. Acesso em: 24 abr. 2019.

o estoque manteve-se praticamente constante – acréscimo de 0,4 milhões – e chegou ao final do ano de 2017 com 80,1 milhões de processos em tramitação aguardando alguma solução definitiva, ou seja, sofreu um acréscimo de 0,5% em relação a 2016.[34]

Isso ocorre em razão dos processos que estavam baixados e retornaram à tramitação, como por exemplo os casos de sentenças anuladas na instância superior; ou de remessas e retornos de autos entre tribunais em razão de questões relativas à competência ou de mudança de classe processual. Somente em 2017 foram reativados 619.242 processos.[35]

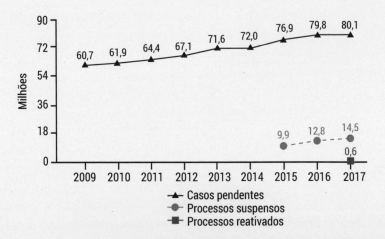

Gráfico 2 – Série histórica dos casos pendentes

Fonte: CONSELHO NACIONAL DE JUSTIÇA. Justiça em número 2018: ano-base 2017. Disponível em: <http://www.cnj.jus.br/files/conteudo/arquivo/2018/08/44b7368ec6f888b-383f6c3de40c32167.pdf>. Acesso em: 24 abr. 2019.

Outro destaque no Relatório de 2017 foi a força de trabalho do Poder Judiciário, onde os Índices de Produtividade e a carga de trabalho dos Magistrados (IPM) e dos Servidores da Área Judiciária (IPS-Jud) variaram positivamente no último ano em 3,3% e 7,1%, respectivamente. As cargas

---

34  CONSELHO NACIONAL DE JUSTIÇA. Justiça em número 2018: ano-base 2017. p. 73. Disponível em: <http://www.cnj.jus.br/files/conteudo/arquivo/2018/08/44b7368ec6f888b383f6c3de40c32167.pdf>. Acesso em: 24 abr. 2019.

35  CONSELHO NACIONAL DE JUSTIÇA. Justiça em número 2018: ano-base 2017. p. 74. Disponível em: <http://www.cnj.jus.br/files/conteudo/arquivo/2018/08/44b7368ec6f888b383f6c3de40c32167.pdf>. Acesso em: 24 abr. 2019.

de trabalho mantiveram-se constantes para os magistrados e registraram crescimento para os servidores, na ordem de 3,7%.[36]

Em 2017, o indicador de produtividade por magistrado atingiu patamar histórico, pois esse indicador tem crescido desde 2014 e nesse período de 3 anos, a produtividade aumentou em 7,3%, alcançando a média de 1.819 processos baixados por magistrado por ano, ou seja, uma média de 7,2 casos solucionados por dia útil do ano, sem descontar períodos de férias e recessos.[37]

Por outro lado, a conciliação que tanto tem sido estimulada pelos juristas e Tribunais e obrigatória pelo Código de Processo Civil de 2015, apresentou lenta evolução. Em 2017 foram 12,1% de processos solucionados via conciliação, apresentando crescimento de 1 ponto percentual nos últimos dois anos, mas a expectativa é que esses números melhorem porque em dois anos a quantidade de CEJUSC cresceu 50,2%, saltando de 654 em 2015 para 982 em 2017.[38]

Com isso, fica reforçada a demonstração do direcionamento do Judiciário às formas consensuais de resolução de conflitos.

## 5. DA TENDÊNCIA AO ESTÍMULO DAS FORMAS CONSENSUAIS DE SOLUÇÃO DOS CONFLITOS

O que tem predominado na solução das lides instauradas no Judiciário é o que se denomina de solução adjudicada dos conflitos, através de uma sentença outorgada por um juiz. Nas palavras de Kazuo Watanabe trata-se uma natural formação de uma *cultura da sentença* que traz como consequências um aumento no número de recursos, assim como das execuções judiciais, o que acaba por gerar congestionamento nos Tribunais

---

36  CONSELHO NACIONAL DE JUSTIÇA. Justiça em número 2018: ano-base 2017. p. 83. Disponível em: <http://www.cnj.jus.br/files/conteudo/arquivo/2018/08/44b7368ec6f888b383f6c3de40c32167.pdf>. Acesso em: 24 abr. 2019.

37  CONSELHO NACIONAL DE JUSTIÇA. Justiça em número 2018: ano-base 2017. p. 83. Disponível em: <http://www.cnj.jus.br/files/conteudo/arquivo/2018/08/44b7368ec6f888b383f6c3de40c32167.pdf>. Acesso em: 24 abr. 2019.

38  CONSELHO NACIONAL DE JUSTIÇA. Justiça em número 2018: ano-base 2017. p. 198. Disponível em: <http://www.cnj.jus.br/files/conteudo/arquivo/2018/08/44b7368ec6f888b383f6c3de40c32167.pdf>. Acesso em: 24 abr. 2019.

O OFICIAL DE JUSTIÇA CONCILIADOR

e até mesmo nas Cortes Superiores, dada a falta de política pública de tratamento adequado dos conflitos.[39]

Esse congestionamento do Judiciário ocasiona um estrondoso aumento do número de processos impulsionados por essa cultura de conflituosidade, refletindo no esgotamento da função regulamentar do Estado brasileiro no propósito da pacificação social.

> Em razão de um novo *ethus vivendi* proclamado pela sociedade de consumo, do reconhecimento de direitos até então não tutelados, aludidos pela Constituição Cidadã de 1988, da concepção de ferramentas voltadas à proteção, não apenas de interesses individuais, mas também difusos, coletivos e individuais homogêneos, a exacerbação das contendas oriundas das querelas ditadas pelas desigualdades sociais, enfim, fruto de diversos fatores, a cada dia mais se constata o vertiginoso aumento do número de ações judiciais, as quais, somadas àquelas já existentes, assoberbam e ameaçam inviabilizar os sistemas tradicionalmente utilizados e concebidos para promover e restabelecer a paz social por meio da intervenção do Poder Judiciário, uma das principais missões do Estado.[40]

Esse cenário leva à descredibilidade da Justiça pelo jurisdicionado, que se sente desrespeitado e acaba não procurando a Justiça para solucionar os seus conflitos e busca meios próprios ou até o uso da força, conforme se pode extrair do discurso de posse do ex-presidente do Supremo Tribunal Federal, Ministro Cezar Peluso, nos seguintes termos:

> Pesquisas recentes e confiáveis mostram que 43% dos brasileiros, ao sentirem seus direitos desrespeitados, procuram soluções por conta própria. Só 10% vão diretamente à Justiça. Os outros dividem-se na busca de mediação de advogados, no recurso à polícia, na renúncia ao interesse e, pasmem, até no uso da força. É verdade que, entre os que recorrem ao Judiciário, 46% se declaram satisfeitos e, apenas 23%, inconformados. Mas está claro que isso não pode consolar-nos.[41]

---

39 WATANABE, Kazuo. A mentalidade e os meios alternativos de Solução de Conflitos no Brasil. In: GRINOVER, Ada Pelegrini *et al.* (Coord.). *Mediação e gerenciamento do processo:* revolução na prestação jurisdicional: guia prático para a instalação do setor de conciliação e mediação. 2. reimpr. São Paulo: Atlas, 2008. p. 7.

40 BUZZI, Marco Aurélio Gastaldi. Movimento pela Conciliação: um breve histórico. In: PELLUSO, E. (Org.) *et al. Conciliação e Mediação:* estruturação da Política Judiciária Nacional. Rio de Janeiro: Forense, 2011.

41 PELUSO, Cezar. Especial, discursos de posse. *Tribuna da Magistratura*, ano XIX, n. 189, maio 2010. Disponível em: <http://www.stf.jus.br/arquivo/cms/

Atualmente, já não se mostra mais satisfatório o fato da parte simplesmente conseguir ingressar com sua demanda no Poder Judiciário. Não mais se mostra suficiente ter uma sentença em mãos, mesmo que em tempo hábil. É preciso fazer uma nova leitura do artigo 5º, inciso XXXV da Constituição Federal de 1988, que disciplina a garantia do acesso à justiça. De forma que, ao garantir que "[...] a lei não excluirá da apreciação do Poder Judiciário lesão ou ameaça a direito", o Estado estará dizendo ao cidadão que ele tem direito à "garantia de acesso à ordem jurídica justa, de forma efetiva, tempestiva e adequada."[42]

O modelo tradicional de composição de conflitos, que tem como marca determinante a conflituosidade, mantém sempre um grau de inconformidade com a proposta conciliatória apresentada – e geralmente imposta – pelo juiz. A partir daí a conclusão de que, uma vez homologada, uma parte ganha menos do que esperava e a outra, consequentemente, perde.

É marcante que a proliferação dos conflitos de interesses nos grandes centros urbanos, diretamente relacionados com o aumento populacional e a ampliação do acesso à Justiça, vem impondo ao Poder Judiciário a busca de soluções alternativas para a resolução dessas disputas.[43]

Destarte, ante a atual realidade por que passa o sistema judiciário brasileiro, está se criando a necessidade de uma nova mentalidade, seja dos profissionais do Direito, seja dos jurisdicionados, em busca de uma cultura de pacificação que não esteja ligada direta e necessariamente ao poder estatal, por meio de uma sentença dada por um juiz, mas sim à construção de um novo paradigma de ordenamento jurídico, por meio dos chamados métodos *alternativos* de solução de conflitos, os quais priorizam as soluções consensuais das controvérsias, sejam elas através de métodos autocompositivos (conciliação ou mediação) ou heterocompositivos privados (arbitragem). Afinal, hoje, "[...] o conceito de acesso à Justiça está intrinsecamente ligado à contínua redução de insatisfações com o sistema público de resolução de conflitos."[44]

---

noticiaNoticiaStf/anexo/discursoPeluso.pdf>. Acesso em: 8 abr. 2017.

42   BRASIL. Constituição da República Federativa do Brasil de 1988.

43   CARVALHO, José Carlos Maldonado de. Mediação: aplicação no Brasil. Conferência proferida no 2º Congresso Brasileiro de Administração da Justiça. *R. CEJ*, Brasília, n. 17, abr./jun. 2002. p. 58.

44   AZEVEDO, André Gomma. Novos desafios de acesso à justiça: novas perspectiva decorrentes de novos processos de resolução de disputas. In:

O OFICIAL DE JUSTIÇA CONCILIADOR

E neste cita-se novamente trecho do discurso de posse do ex-presidente do Supremo Tribunal Federal, Ministro Cezar Peluso, que aponta pela necessidade do incorporar meios alternativos de solução dos conflitos:

> Ora, as rápidas transformações por que vem passando, sobretudo nas últimas décadas, a sociedade brasileira, tem agravado esse quadro lastimável, em virtude da simultânea e natural expansão da conflituosidade de interesses que, desaguando no Poder Judiciário, o confronta com sobrecarga insuportável de processos, em todas as latitudes do seu aparato burocrático. E uma das causas proeminentes desse fenômeno está, como bem acentua o Desembargador Kazuo Watanabe, na falta de uma política pública menos ortodoxa do Poder Judiciário em relação ao tratamento dos conflitos de interesses.
> O mecanismo judicial, hoje disponível para dar-lhes resposta, é a velha solução adjudicada, que se dá mediante produção de sentenças e, em cujo seio, sob influxo de uma arraigada cultura de dilação, proliferam os recursos inúteis e as execuções extremamente morosas e, não raro, ineficazes. É tempo, pois, de, sem prejuízo doutras medidas, incorporar ao sistema os chamados meios alternativos de resolução de conflitos, que, como instrumental próprio, sob rigorosa disciplina, direção e controle do Poder Judiciário, sejam oferecidos aos cidadãos como mecanismos facultativos de exercício da função constitucional de resolver conflitos. Noutras palavras, é preciso institucionalizar, no plano nacional, esses meios como remédios jurisdicionais facultativos, postos alternativamente à disposição dos jurisdicionados, e de cuja adoção o desafogo dos órgãos judicantes e a maior celeridade dos processos, que já serão avanços muito por festejar, representarão mero subproduto de uma transformação social ainda mais importante, a qual está na mudança de mentalidade em decorrência da participação decisiva das próprias partes na construção de resultado que, pacificando, satisfaça seus interesses [...].[45]

Observa-se que o norte seguido pelo Poder Judiciário é o estímulo e incentivo à utilização de meios alternativos de resolução de conflitos, demonstrando claramente a atual tendência neste sentido.

---

SILVA, Luciana Aboim Machado da (Org.). *Mediação de conflitos*. São Paulo: Atlas, 2013.

45   PELUSO, Cezar, 2010.

# 2. A INTITUCIONALIZAÇÃO DAS FORMAS ALTERNATIVAS DE SOLUÇÃO DOS CONFLITOS

## 1. DO ACESSO À JUSTIÇA

O tema de acesso à justiça sempre foi classificado como de *complexa* conceituação dada a amplitude da palavra da Justiça, porque ora pode referir-se ao órgão Judicante ou aos personagens da jurisdição, ora pode referir-se a qualidade do que é de direito ou de mérito, ora pode referir-se a um valor moral, ou ainda referir-se a um critério de equidade.

Kildare Gonçalves Carvalho conceitua o acesso à justiça como "[...] a inafastabilidade do acesso ao Judiciário, traduzida no monopólio da jurisdição, ou seja, havendo ameaça ou lesão de direito, não pode a lei impedir o acesso ao Poder Judiciário." [46]

Cappelletti e Garth, embora reconhecendo a dificuldade de definição da expressão *acesso à justiça*, esclarecem que o instituto serve para determinar "o sistema pelo qual as pessoas podem reivindicar seus direitos e/ou resolver seus litígios sob os auspícios do Estado", que por sua vez deve ser acessível a todos e produzir resultados individual e socialmente justos.[47]

---

46  CARVALHO, Kildare Gonçalves. *Direito constitucional.* 11. ed., rev. e atual. Belo Horizonte: Del Rey, 2005. p. 460.

47  CAPPELLETTI, Mauro; GARTH, Bryan. *Acesso à justiça.* Porto Alegre: Ed. Fabris, 1988. p. 8.

O OFICIAL DE JUSTIÇA CONCILIADOR

O conceito e amplitude do acesso à justiça, no dizer de Horácio Wanderlei Rodrigues e Eduardo Lamy[48] é definido como um *metaprincípio constitucional*, do qual desencadeia vários outros. Assim o definem não apenas com garantia de acesso e apreciação pelo Judiciário, pois sua extensão é bem mais ampla, já que visa garantir meios adequados de acesso, celeridade dos procedimentos, efetividade dos resultados, mediante instrumentos adequados de execução, e segurança jurídica para tornar definitivo o resultado.

O acesso à justiça é um direito fundamental social, atrelado à democracia e à cidadania, sendo insuficiente o conceito tradicional de mero acesso ao Poder Judiciário, porquanto é um conceito amplo e reflexivo, que possui um viés *procedimental* e *substancial* que viabiliza o exercício da cidadania e democracia.[49]

Numa concepção primária e simplista, baseada na literal terminologia do instituto, pode-se dizer que acesso à justiça, em sentido literal, consiste no acesso ao Poder Judicante e à prestação jurisdicional satisfativa, porém, em sentido axiológico, pode-se dizer que consiste em um exercício político de acessar ou resgatar um *status* individual ou socialmente justo.

Deve-se analisar, ainda, o conceito de acesso à Justiça, sob três enfoques:

a. sentido geral, onde é concebido como "sinônimo de justiça social";

b. sentido restrito, de modo formal, onde se restringe o direito em questão ao "aspecto dogmático de acesso à tutela jurisdicional";

c. sentido integral, onde compreende os escopos jurídico, social e político do processo, abarcando, ainda, a extensão do direito de "acesso à informação e à orientação jurídica, e a todos os meios alternativos de composição de conflitos, pois o acesso à ordem jurídica justa é, antes de tudo, uma questão de cidadania".[50]

---

48  RODRIGUES, Horácio Wanderlei; LAMY, Eduardo de Avelar. *Teoria Geral do Processo*. 4. ed. rev., atual. e ampl. São Paulo: Atlas, 2016. p. 206.

49  VAZ, Paulo Afonso Brum. *Juizado Especial Federal:* contributo para um modelo democrático de justiça conciliativa. Brasília: Conselho da Justiça Federal; Centro dos Estudos Judiciários, 2016. p. 185. v. 21. (Série monografias do CEJ)

50  LEITE, Carlos Henrique Bezerra. *Direitos humanos*. 2.ed. Rio de Janeiro: Lumen Juris, 2011. p. 155-158.

Ainda em relação à definição, Boaventura de Souza Santos[51] observa que a transformação do conceito e ampliação do acesso à Justiça se confunde com a transformação do Poder Judiciário, ocorrida em razão da evolução da sociedade contemporânea.[52]

## 1.1 DOS MOVIMENTOS DE EVOLUÇÃO DO ESTADO E DO ACESSO À JUSTIÇA

Para melhor entender o atual conceito do acesso à justiça, faz-se necessário um breve resgate do cenário político e social que influenciou as transformações do Estado e consequentemente do Poder Judiciário, além do resgate do conceito e amplitude do acesso à justiça naquela época.

No Brasil, o cenário político social desenvolveu-se, desde a descoberta, sobre o paradigma absolutista, passando para o liberal, social e culminando no paradigma do Estado Democrático de Direito. Esses paradigmas foram propulsores da positivação de direitos das mais diversas áreas, cada da qual surgindo dentro do contexto sócio econômico em que o Império/Estado se encontrava.

A fim de garantir a aplicação dos direitos positivados, o Poder Judiciário Brasileiro sofreu significativa evolução desde sua criação embrionária – início do século XVI – até os dias atuais. A par dessas mudanças, surge a necessidade de (re)estruturação e aprimoramento dos institutos voltados a garantir a aplicabilidade do direito positivo através do seu órgão guardião – Poder Judiciário –, merecendo destaque o acesso à justiça.

Por questões metodológicas, a origem e a evolução do acesso à justiça limita-se ao início do modelo liberal de Estado. Conforme esclarece Pedro Manoel Abreu,[53] somente a partir do século XX, o acesso à Justiça

---

51  SANTOS, Boaventura de Sousa. Os tribunais nas sociedades contemporâneas. *Revista Brasileira de Ciências Sociais*, v. 11, n. 30, fev. 1996.

52  O autor sustenta que, a clássica e a liberal concepção de acesso à justiça, assim como do Poder Judiciário, transformou-se significativamente ao longo dos tempos em razão da evolução da sociedade contemporânea. São fatos políticos e sociais originados, em parte, com o desenvolvimento econômico ditado pelo sistema capitalista implementado em grande parte do mundo desde o século XV.

53  ABREU, Pedro Manoel. *Processo e Democracia:* o processo jurisdicional como locus da democracia participativa e da cidadania inclusiva no estado democrático de Direito. Conceito Editorial. São Paulo, 2011. p. 46. v. 3.

O OFICIAL DE JUSTIÇA CONCILIADOR

ganhou destaque quando houve a difusão dos direitos sociais, marcando o fim do modelo de Estado Liberal.[54]

Outra razão é que o conceito de acesso à justiça, tal como é entendido atualmente ou ao menos de forma aproximada, simplesmente não existiu no período imperial, até porque, como demonstrado, esse conceito é resultado de movimento político e histórico ainda não consolidado no período imperial, como afirma Paulo Cesar Pinheiro Carneiro.[55]

Boaventura de Sousa Santos também analisa a transformação da concepção de acesso à justiça a partir da transformação do Poder Judiciário, que segundo ele, pode ser dividida em três períodos: a fase do Estado Liberal; o período do Estado Providência; e o estágio atual, crise do Estado Providência – Social.[56]

Durante o Estado Liberal, o acesso à justiça era unicamente formal e se resumia ao mero acesso aos Tribunais, sem preocupações de garantir materialmente os direitos fundamentais. Esse período era marcado por um Poder Judiciário com pouco peso político, onde o magistrado devia obediência fiel ao princípio da separação dos poderes, limitando sua capacidade criativa ou interpretativa da lei.

Observa-se que nos séculos XVIII e XIX só formalmente as pessoas tinham acesso à justiça para propor ou contestar ação. Na prática, só era obtido por quem tivesse dinheiro para arcar com as despesas de um processo e se limitava ao acesso formal à Justiça.

---

54  O Estado Liberal nasceu com os princípios estatuídos na Constituição dos Estados Unidos da América (1787) e a Revolução Francesa (1789). A partir de então o modelo liberal pregado por uma burguesia emergente e revolucionária foi adotado por vários países, e consagrado sem suas respectivas ordens constitucionais. Cf.: BOBBIO, Norberto. *Dicionário de política*. Tradução de Carmen C. Varriale *et al*; coordenador da tradução, João Ferreira; revisão geral, João Ferreira e Luis Guerreiro Pinto Cacais. Brasília: Editora Universidade de Brasília, 1998. p. 698-700.

55  CARNEIRO, Paulo Cesar Pinheiro. *Acesso à justiça:* juizados especiais cíveis e ação civil pública: uma nova sistematização da teoria geral do processo. Rio de Janeiro: Forense, 1999. p. 34.

56  Segundo o autor, a clássica e a liberal concepção de acesso à justiça, assim como do Poder Judiciário, transformou-se significativamente ao longo dos tempos em razão da evolução da sociedade contemporânea. São fatos políticos e sociais originados, em parte, com o desenvolvimento econômico ditado pelo sistema capitalista implementado em grande parte do mundo desde o século XV. Cf.: SANTOS, Boaventura de Sousa, 1996, p. 29-62.

A principal dificuldade, e talvez insuperável, na concepção liberal de acesso à justiça, era a ideia de "igualdade formal", reflexo do ápice do positivismo jurídico.[57] Logo, se os jurisdicionados não conhecem o direito vigente, também não existe isonomia. Nas palavras de Daniel Mitidiero, "[...] a primeira condição para que exista direito é a igualdade. Não há direito se situações iguais são tratadas de forma desigual e se situações desiguais são tratadas de forma igual".[58]

No começo do século passado, com o crescimento do capitalismo, começaram as reivindicações e as preocupações de índole social, quando a garantia do acesso à justiça passa a ter mais relevo, assumindo uma concepção mais ampla, propondo uma atuação mais positiva por parte do Estado, com o escopo da materialização de um direito que, anteriormente, se restringia apenas ao plano formal.

Corroborando, Cappelletti e Garth:

> À medida que as sociedades do laissez-faire cresceram em tamanho e complexidade, o conceito de direitos humanos começou a sofrer uma transformação radical. A partir do momento em que as ações e relacionamentos assumiram, cada vez mais, caráter mais coletivo que individual, as sociedades modernas necessariamente deixaram para trás a visão individualista dos direitos, refletida nas "declarações de direitos", típicas dos séculos dezoito e dezenove. O movimento fez-se no sentido de reconhecer os direitos e deveres sociais dos governos, comunidades, associações e indivíduos. Tornou-se lugar-comum observar que a atuação positiva do Estado é necessária para assegurar o gozo de todos esses direitos sociais básicos.[59]

No final do século XIX, com surgimento do Estado Providência – Estado Social –, ocorreu a desneutralização política do Poder Judiciário, com atuação mais proativa, caracterizada pela intensificação do acesso à justiça, da defesa de direitos difusos e coletivos e da constitucionalização do direito.[60]

---

57 ABREU, Pedro Manoel, 2011, p. 37.

58 MITIDIERO, Daniel. Por uma Reforma da Justiça Civil no Brasil: um diálogo entre Mauro Cappelletti, Vittorio Denti, Ovídio Baptista e Luiz Guilherme Marinoni. *Revista de Processo*, v. 199, p. 83-99.

59 CAPPELLETTI, Mauro; GARTH, Bryan, 1988. p. 10.

60 SANTOS, Boaventura de Sousa, 1996, p. 29-62.

O OFICIAL DE JUSTIÇA CONCILIADOR

No direito brasileiro o princípio do acesso à justiça, também chamado de *garantia de amplo acesso à justiça*, nasceu com a Constituição de 1946, com redação quase idêntica à do inciso XXXV, do art. 5º, da atual Constituição.

E de fato o acesso à justiça foi ocupando posição de destaque no direito político e processual das últimas décadas, eis que, no dizer de Pedro Manoel Abreu, "erigido à condição de garantia constitucional, tem merecido estudo permanente, máxime frente aos novos direitos e aos novos conflitos emergentes na sociedade contemporânea."[61]

Nesse período de Estado Social, o acesso à justiça não mais se restringe ao acesso formal e passa a contemplar o acesso material. Para tanto, o Estado se estrutura dividindo a Justiça em especializações – Justiça Federal, Do Trabalho, Eleitoral, etc. –, facilitando, com isso, o acesso pelo jurisdicionado ao sistema judicial.

Outro exemplo de facilitação foi a Lei nº 1.060/50, por intermédio da qual passou a garantir que todo aquele que não tiver condições financeiras de arcar com as custas processuais e honorários advocatícios, ou seja, todo aquele que não tiver condições financeiras de exercer a garantia constitucional do acesso à justiça, poderá requerer lhe seja deferido os benefícios da justiça gratuita, ficando isento dos dispêndios financeiros.

O ponto falho desse tipo de programa de assistência judiciária é que em sistemas capitalistas, onde rege a economia de mercado, grande ou quase toda a produção econômica é fruto da atuação de particulares. Nada mais natural que os advogados mais experientes e gabaritados procurem dedicar seu tempo a atividades remuneradas e não à assistência judiciária gratuita.[62]

O acesso efetivo à justiça vai progressivamente sendo reconhecido como sendo de importância capital dentre os novos direitos individuais e sociais, conforme ensina Pedro Manoel Abreu:

> ...A titularidade de direitos, como se sabe, é destituída de sentido, na ausência de mecanismos para sua efetiva reivindicação. Neste tocante, pode ser entendido como o mais básico dos direitos humanos de um sistema jurídico moderno e igualitário que pretenda garantir, e não apenas proclamar os direitos de todos. [63]

---

61  ABREU, Pedro Manoel, 2008, p. 25.

62  MARCELINO JUNIOR, Júlio Cesar. *Análise econômica do acesso à justiça*: a tragédia dos Custos e a Questão do Acesso Inautêntico. Rio de Janeiro: Lumens Juris, 2016. p. 109.

63  ABREU, Pedro Manoel, 2008, p. 254.

Percebe-se que, embora o Estado Social tenha propiciado significativos avanços no sentido de proteger os mais vulneráveis, com a ampliação da liberdade e igualdade, com a conquista de novos direitos advindos com desenvolvimento econômico e início do processo de globalização, caracterizou-se por um avanço no domínio material, sem a contrapartida do instrumental.

Nesse sentido, Pedro Manoel Abreu esclarece que a consagração dos novos direitos e sua expansão paralela ao Estado-providência – Social – transformou o efetivo acesso à justiça em um direito interligado, cuja denegação acarretaria a dos demais, que se destituídos de mecanismos de efetividade seriam meras declarações políticas, de conteúdo vazio e ilusórias.[64]

Na década de 60, alguns fatores como a integração da classe trabalhadora e da pequena burguesia no mercado de consumo e a integração da mulher no mercado – resultando no aumento de renda e mudança do comportamento familiar –, contribuiu para uma explosão de conflitos jurídicos emergentes de novos direitos sociais, envolvendo desde a relação de trabalho, segurança social, habitação, bens duráveis, etc.[65]

No final da década de 70 e até os dias atuais, presente com mais intensidade, o Poder Judiciário tornou-se *fortemente politizado* diante da crise do Estado de Providência e a potencialização da filosofia neoliberal. Houve contínua defesa dos direitos difusos e coletivos diante da intensa desigualdade social decorrente da globalização da economia e a transnacionalização. Em paralelo, observa-se a crise da representação política, daí o ensejo de combate à corrupção e abuso do poder político. Ainda ocorreu a "judicialização das questões sociais" nas áreas ambiental e do consumidor.[66]

Neste cenário de emergência dos novos direitos difusos e coletivos, os sistemas jurídicos preocuparam-se em possibilitar o acesso à justiça de consumidores, locadores, empregados, ou usufrutuário de um meio ambiente degradado, etc.[67]

O Estado Social, caracterizado pela crise de expansão dos serviços sociais, com uma oferta de Justiça incompatível com a demanda, sendo

---

64  ABREU, Pedro Manoel, 2008, p. 47

65  ABREU, Pedro Manoel, 2008, p. 48.

66  SANTOS, Boaventura de Sousa, 1996, p. 29-62.

67  ABREU, Pedro Manoel, 2008, p. 48.

## O OFICIAL DE JUSTIÇA CONCILIADOR

pressionado economicamente pelo fenômeno da globalização na década de 90, entra para uma terceira fase, pós-social ou democrática de direito.[68]

O acesso à justiça por meio de um Poder Judiciário atuante é uma das características da contemporaneidade. A ampliação qualitativa ocorreu com o advento do Estado Social e foi aprimorada no Estado Democrático, mas o aumento quantitativo se intensificou com o surgimento da judicialização das relações sociais.

> De fato, a época contemporânea é caracterizada por uma crescente expansão de direitos que, pela sua própria natureza, são destinados a encontrar no juiz o seu garante institucional. A judicialização da vida social é, em suma, uma tendência que se encontra em todos os ordenamentos.[69]

Percebe-se que a par da evolução do Estado, marcada pelas fases liberal, de providência – social – e democrático de direito, houve também a evolução do conceito e amplitude do acesso à justiça sob três planos: formal, material e instrumental com vistas à efetividade.

---

68 Numa versão procedimental, o paradigma do Estado Democrático de Direito caracteriza-se por intencionar a união de aspectos positivos do Estado Liberal e do Estado Social. Isso porque, na atualidade, a legitimidade do Direito requer a observância das autonomias pública e privada dos cidadãos, como esclarece Jürgen Habermas: "[...] uma ordem jurídica é legítima na medida em que assegura a autonomia privada e a autonomia cidadão de seus membros, pois ambas são co-originárias; ao mesmo tempo, porém ela deve a sua legitimidade a formas de comunicação nas quais essa autonomia pode manifestar-se e comprovar-se. A chave da visão do direito consiste nisso. Uma vez que garantia da autonomia privada através do direito formal se revelou insuficiente e dado que a regulação social através do direito, ao invés de reconstruir a autonomia privada, transformou-se numa ameaça para ela, só resta como saída tematizar o nexo existente entre formas de comunicação que, ao emergirem, garantem a autonomia pública e privada." Cf.: HABERMAS, Jürgen. *Direito e democracia*: entre facticidade e validade. Tradução de Flávio Beno Siebeneichler. 2. ed. Rio de Janeiro: Tempo Brasileiro, 2003. p. 147. v. II.

69 FACCHINI NETO, Eugênio. O Judiciário no Mundo Contemporâneo. In: MOLINARO, Carlos Alberto *et al.* (Coords.). *Constituição, jurisdição e processo*: estudos em homenagem aos 55 anos da Revista Jurídica. Sapucaia do Sul: Notadez, 2007. p. 308.

## 1.2 DOS RUMOS DO ACESSO À JUSTIÇA A PARTIR DO PROJETO FLORENÇA

Conforme resgatado em linhas anteriores, o acesso à justiça sofreu profundadas e significativas modificações de acordo com o cenário político e jurídico em que o Estado se encontrava.

Essa garantia constitucional, assegurada formal, material e instrumentalmente, passa a rumar para sua efetividade, sendo esse o norte a ser perseguido pelo acesso à justiça.

A década de 70 marca o início da completude conceitual estratégica do acesso à justiça, pois foi quando a atenção voltada ao assunto desencadeou diversas pesquisas voltadas à identificação das necessidades teórico-práticas do Judiciário à época, a partir das pesquisas com o "Projeto de Florença", que consistiu em discutir a amplitude e desdobramento do tema, cujo relatório final deu origem a uma obra de seis tomos, publicada entre 1978 e 1979, relacionada aos estudos de Mauro Cappelletti e Bryant Garth.[70]

Cappelletti e Garth definem três ondas de acesso à justiça: a primeira seria da assistência judiciária aos pobres; a segunda, trataria da incorporação dos interesses coletivos e difusos; a terceira, intitulada "Do acesso à representação em juízo a uma concepção mais ampla de acesso à justiça", incluiria a Justiça informal, promovendo-se o desvio de casos de competência do sistema formal legal e a simplificação da lei.[71]

Por isso, Cappelletti e Garth, ao apontarem as tendências do enfoque do acesso à Justiça, sugerem a necessidade de um estudo crítico e de uma reforma de todo o aparelho judicial, passando pela:

> [...] (a) reforma dos procedimentos e dos próprios tribunais, que devem modernizarem-se, formulando uma crítica a neutralidade judicial, ressaltando a necessidade da busca do resultado justo; (b) *busca de novos ou alternativos métodos para decidir as causas, com a instituição de incentivos econômicos para a solução de litígios fora dos tribunais e ainda o juízo arbitral e a conciliação;* (c) instituição de procedimentos especiais para determinados tipos de causas de particular importância social; especialização de instituições e procedimentos especiais; (d) mudança nos métodos utilizados para a prestação de serviços judiciários, como o uso dos parajurídicos (assistentes jurídicos com diversos graus de

---

70  MARCELINO JÚNIOR, Júlio Cesar, 2016, p. 107.

71  CAPPELLETTI, Mauro; GARTH, Bryan, 1988, p. 31, 49 e 67.

O OFICIAL DE JUSTIÇA CONCILIADOR

treinamento) e desenvolvimento de planos de assistência jurídica mediante convênio ou em grupo; (e) a simplificação do próprio direito.[72]

Evidentemente que a garantia constitucional do acesso à justiça vai além da obrigação do Estado de prestar a tutela jurisdicional. O Estado deve adotar meios que viabilizam e facilitam esse acesso.

Ao traçar os pressupostos para o acesso à justiça, Horácio Wanderlei Rodrigues destaca a necessidade de:

> [...] (a) um direito material legítimo e voltado à realização da justiça social; (b) uma administração estatal preocupada com a solução dos problemas sociais e com a plena realização do Direito; (c)instrumentos processuais que permitam a efetividade do direito material, o pleno exercício da ação e da defesa e a plenitude da concretização da atividade jurisdicional; (d) um Poder Judiciário axiologicamente em sintonia com a sociedade na qual está inserido e adequadamente estruturado para atender às demandas que se lhe apresentam.[73]

Essa necessidade de repensar desde a (re)estrutura do Poder Judiciário, a legislação processual e até as políticas públicas de tratamento adequado dos conflitos assentam-se no atual conceito e amplitude do acesso à justiça, erigido a um *metaprincípio constitucional*,[74] do qual desencadeia vários outros. Não é apenas uma garantia de acesso e apreciação pelo Judiciário, pois sua extensão é bem mais ampla, pois visa garantir meios adequados de acesso, celeridade dos procedimentos, adequada resposta ao problema, efetividade do resultado, mediante instrumentos apropriados de execução, e segurança jurídica para tornar definitivo o resultado.

E concluem:

> Ou seja, ela inclui o direito a ingresso, procedimento, cognição (tanto em sentido horizontal, que diz respeito à sua extensão, como vertical, que se refere à sua profundidade), provimento e execução adequados ao direito material buscado em juízo, bem como que todo o processo ocorra de forma célere.[75]

---

72  CAPPELLETTI, Mauro; GARTH, Bryan, 1988, p. 31, 49 e 67. (grifo nosso)

73  RODRIGUES, Horácio Wanderlei, 1994.

74  RODRIGUES, Horácio Wanderlei; LAMY, Eduardo de Avelar, 2016, p. 206.

75  RODRIGUES, Horácio Wanderlei; LAMY, Eduardo de Avelar, 2016, p. 206.

Assim, a garantia constitucional do acesso à justiça vai além da obrigação do Estado de prestar a tutela jurisdicional. O Estado deve adotar meios que viabilizem e facilitem o acesso à justiça.

Nesse contexto, o grande desafio contemporâneo passa a ser encontrar soluções e políticas jurídico-legislativas que permitam esse amplo e efetivo acesso à justiça. Ao mesmo tempo deve-se desobstruir o Judiciário, para torná-lo capaz de assimilar a demanda processual, com julgamentos céleres e eficazes.

Na década de 70, Capelleti e Garth foram enfáticos em dizer que para se alcançar o acesso à justiça, tal como é conceitualmente idealizado, seria necessário uma reforma consistente na busca de novos ou alternativos métodos para decidir as causas, com a instituição de incentivos econômicos para a solução de litígios fora dos tribunais, tais como o juízo arbitral e a conciliação.[76]

Observa-se que o foco que até então era mais incisivo no *acesso* passa a centrar-se, agora, na *Justiça*, não no sentido de poder judicante, mas no sentido de condição de equilíbrio, de modo a concretizar a efetiva pacificação social.

Logo, o foco na efetividade provocou uma mudança de paradigma ao admitir a possibilidade de acesso à justiça sem a Justiça, o que antes era inimaginável. As formas alternativas de solução dos conflitos passaram então a serem vistas também como meios de acesso à justiça, como por exemplo a desjudicialização, autocomposição, mediação, conciliação, entre outras.

Nessa perspectiva, o Poder Judiciário passou a ser apenas um dos caminhos – e não o único – para se alcançar a justiça. As formas alternativas de solução dos conflitos passaram a ser fomentadas a partir dos estudos de Capelletti e Garth,[77] como política que contribui para o efetivo acesso à justiça. Esse fato justifica a onda de medidas jurídico-legislativas ocorrida no Brasil nos últimos anos, voltadas à desjudicialização, desburocratização e ao tratamento adequado dos conflitos.

---

76   CAPPELLETTI, Mauro; GARTH, Bryan, 1988, p. 31, 49 e 67.

77   CAPPELLETTI, Mauro; GARTH, Bryan, 1988, p. 31, 49 e 67, *passim*.

## 2. DA MODERNA TEORIA DO CONFLITO

A par da ressignificação do conceito e amplitude do acesso à justiça, a partir dos estudos de Capelletti e Garth,[78] que se reconheceu a necessidade de busca de novos ou alternativos métodos para decidir as causas, ocorreu outro importante fenômeno consistente em tratar o conflito com métodos condizentes à sua peculiaridade. O que, de certa forma, também influenciou na onda de medidas jurídico-legislativas ocorrida no Brasil nos últimos anos, voltadas à desjudicialização, desburocratização e de tratamento adequado dos conflitos.

O conflito pode ser definido como um processo ou estado em que duas ou mais pessoas divergem em razão de metas, interesses ou objetivos individuais percebidos como mutuamente incompatíveis.[79] Em regra, há uma tendência natural de pensar o conflito como fenômeno negativo e facilmente associado à ideia de briga, guerra, disputa, raiva, violência, perda, processo, agressão, tristeza, etc.

No entanto, o conflito é inevitável e salutar, sendo importante encontrar meios autônomos de manejá-los. Deve-se fugir da ideia de que seja um fenômeno patológico, encarando-o como um fato, um evento fisiológico importante, positivo ou negativo, conforme os valores inseridos no contexto social analisado.[80]

Existe ainda uma progressiva escalada de conflitos, resultante de um círculo vicioso de ação e reação. Cada reação agrava a ação que a precedeu e cria um novo conflito ou novo ponto de disputa. Esse modelo, conhecido como espiral de conflito sugere que com o desencadeamento escalado dos conflitos, aquelas causas primárias passaram a ser secundárias

---

78  CAPPELLETTI, Mauro; GARTH, Bryan, 1988, p. 31, 49 e 67.

79  CONSELHO NACIONAL DE JUSTIÇA; AZEVEDO, Andre Gomma de. (Org.). *Manual de Mediação Judicial*. 6. ed.

Brasília: CNJ, 2016. p. 49. Disponível em: <http://www.cnj.jus.br/files/conteudo/arquivo/2016/07/f247f5ce60df2774c59d6e2dddbfec54.pdf>. Acesso em: 24 abr. 2019.

80  TRENTIN, Taise Rabelo Dutra; TRENTIN, Sandro Seixas. A crise da jurisdição: a mediação como alternativa de acesso à justiça para o tratamento dos conflitos. *Âmbito Jurídico*, Rio Grande, ano XIII, n. 83, dez. 2010. Disponível em: <http://www.ambitojuridico.com.br/site/index.php?n_link=revista_artigos_leitura&artigo_id=8660>. Acesso em: 24 abr. 2019.

a partir do momento em que os envolvidos voltam as suas preocupações em dar resposta a uma ação que imediatamente antecedeu sua reação.[81]

A espiral do conflito pode ser verificada ainda quando ele é judicializado ao invés de ser pacificado da forma mais fácil e célere, pois acaba em muitas das vezes se agravando em razão da morosidade e do elevado custo para resolução.

Nesse caso, a atenção do Judiciário acaba sendo voltada à resolução do processo e não do conflito por trás dele, demonstrando um ponto falho, que dá azo às formas alternativas de solução de conflitos.

Por isso, a moderna teoria do conflito trata dele como algo natural, que pode gerar consequências positivas ou negativas, a depender da forma como é abordado e das técnicas utilizadas para sua resolução.

Por exemplo, Morton Deutch afirma que o processo de resolução de conflito pode ser construtivo – quando os envolvidos concluem o processo com o fortalecimento das relações sociais preexistentes – ou destrutivo – quando há rompimento das relações sociais preexistentes e tendência do conflito se expandir e se acentuar durante a relação processual.[82]

Em outras palavras, o conflito pode trazer consigo aspectos negativos quando não há o enfrentamento dos problemas sociais ou pode trazer consigo aspectos positivos quando voltado o para o diálogo, evitando violência que colocam em risco a vida das pessoas.[83]

A elaboração e resolução salutar do conflito é alcançada através de processos construtivos caracterizados:

---

81  TRENTIN, Taise Rabelo Dutra; TRENTIN, Sandro Seixas. A crise da jurisdição: a mediação como alternativa de acesso à justiça para o tratamento dos conflitos. *Âmbito Jurídico*, Rio Grande, ano XIII, n. 83, dez. 2010. Disponível em: <http://www.ambitojuridico.com.br/site/index.php?n_link=revista_artigos_leitura&artigo_id=8660>. Acesso em: 24 abr. 2019.

82  CONSELHO NACIONAL DE JUSTIÇA; AZEVEDO, Andre Gomma de. (Org.). *Manual de Mediação Judicial*. 6. ed. Brasília: CNJ, 2016. p. 55. Disponível em: <http://www.cnj.jus.br/files/conteudo/arquivo/2016/07/f247f5ce60df2774c59d6e2dddbfec54.pdf>. Acesso em: 24 abr. 2019.

83  TRENTIN, Taise Rabelo Dutra; TRENTIN, Sandro Seixas. A crise da jurisdição: a mediação como alternativa de acesso à justiça para o tratamento dos conflitos. *Âmbito Jurídico*, Rio Grande, ano XIII, n. 83, dez. 2010. Disponível em: <http://www.ambitojuridico.com.br/site/index.php?n_link=revista_artigos_leitura&artigo_id=8660>. Acesso em: 24 abr. 2019.

O OFICIAL DE JUSTIÇA CONCILIADOR

> [...] (a) pela capacidade de estimular as partes a desenvolverem soluções criativas que permitam a compatibilização de interesses aparentemente contrapostos; (b) pela capacidade de as partes ou de o condutor do processo (e.g. magistrado, conciliador ou mediador) em motivar todos os envolvidos para que propositivamente resolvam as questões sem a proposição de culpa ou ao menos sem a percepção da existência de um vencido e um vencedor; (c) pelo desenvolvimento de condições que permitam a reformulação das questões diante de eventuais impasses; (d) pela disposição das partes ou do condutor do processo a abordar, além das questões juridicamente tuteladas, todas e quaisquer questões que estejam influenciando a relação (social) das partes.[84]

Nesse contexto, o conceito de processo construtivo de resolução de conflito permite compreender o conflito como um elemento da vida, natural às relações humanas, capaz de contribuir positivamente nessas relações. Se conduzido positivamente, o conflito pode proporcionar crescimento pessoal, profissional e organizacional.

Para a moderna teoria do conflito, aquele modelo processual tradicional consistente em impor às partes uma decisão judicial não se mostra suficiente para garantir a pacificação social, pois não atende às imensas variedades e peculiaridade dos conflitos submetidos à Jurisdição.

Colhe-se do Manual de Mediação do Conselho Nacional de Justiça:

> Assim, retornando ao conceito de Zamora Y Castillo, processualista mexicano do início do século XX, o processo [judicial], de fato, rende com frequência menos do que poderia. Em parte porque se direciona, sob seu escopo social, à pacificação, fazendo uso, na maioria das vezes, de mecanismos destrutivos de resolução de disputas a que tal autor denominou "defeitos procedimentais". Diante disso, pode-se afirmar que há patente necessidade de novos modelos que permitam que as partes possam, por intermédio de um procedimento participativo, resolver suas disputas construtivamente ao fortalecer relações sociais, identificar interesses subjacentes ao conflito, promover relacionamentos cooperativos, explorar estratégias que venham a prevenir ou resolver futuras controvérsias, e educar as partes para uma melhor compreensão recíproca.[85]

---

84 AZEVEDO, André Gomma. Desafios de Acesso à Justiça ante o Fortalecimento da Autocomposição como Política Pública Nacional. In: RICHA, Morgana de Almeida; PELUSO, Antonio Cezar (Coords.). *Conciliação e mediação*: estruturação da política judiciária nacional. Rio de Janeiro: Forense, 2011. p. 110.

85 CONSELHO NACIONAL DE JUSTIÇA; AZEVEDO, Andre Gomma de. (Org.). *Manual de Mediação Judicial*. 6. ed. Brasília: CNJ, 2016. p. 56.

Dessa forma, a resolução salutar e positiva do conflito, a partir da compreensão da teoria moderna do conflito, exige diversos processos construtivos que o processo judicial tradicional é incapaz de fornecer, o que reforça a necessidade de adoção dos meios alternativos de resolução de conflitos.

## 3. DAS POLÍTICAS JURÍDICO-LEGISLATIVAS VOLTADAS ÀS FORMAS ALTERNATIVAS DE RESOLUÇÃO DE CONFLITOS

Embora a existência do Estado se justifique para garantir o convívio harmônico do homem em sociedade e a existência do Judiciário para dirimir os conflitos com vista à pacificação social, o bom senso recomenda adoção de postura de boa convivência e autodeterminação na solução de problemas interpessoais, de modo que o Estado-Juiz somente deveria ser provocado na impossibilidade absoluta do conflito ser dirimido pelos indivíduos.

Isso porque o Judiciário possui limitação da sua capacidade julgadora e encontra-se imerso numa crise caracterizada, dentre outros fatores, pela burocratização e lentidão de procedimentos e pelo engessamento da máquina judiciária, ante sua incapacidade de assimilar o assoberbamento de ações geradas por uma sociedade impelida por uma "cultura da sentença", conforme observa Kazuo Watanabe.[86]

Nesse ponto, justifica-se e se assenta a tendência de estimular a sociedade a dirimir, por si, seus conflitos por meios alternativos, sem a necessidade da intervenção estatal. O estímulo e incentivo da lei pela autocomposição não é tema atual e encontra guarida nas legislações mais remotas, como por exemplo, a previsão do art. 161 da Constituição de 1823 e art. 23 do Decreto nº 737 de 1850, nos quais previa que processo algum seria iniciado senão se fizesse constar a tentativa de reconciliação.

Nos anos 70, a ampliação do conceito de acesso à justiça, a partir do Projeto Florença, reverteu na necessidade de implementação de políticas de melhorias na prestação jurisdicional, de modo a propiciá-la de forma célere e rápida, cuja repercussão não ocorreu somente no plano abstrato – processo material e processual –, mas também na restruturação física do Judiciário.[87]

---

Disponível em: <http://www.cnj.jus.br/files/conteudo/arquivo/2016/07/f247f5ce60df2774c59d6e2dddbfec54.pdf>. Acesso em: 24 abr. 2019.

86 WATANABE, Kazuo, 2008, p. 7.

87 CAPPELLETTI, Mauro; GARTH, Bryan, 1988.

O OFICIAL DE JUSTIÇA CONCILIADOR

A partir do projeto florentino, voltado à efetividade do acesso à justiça, as formas alternativas de resolução dos conflitos ganharam mais destaque e atenção dos juristas porque permitiu alcançar mais rapidamente a solução dos litígios do que método tradicional do processo judicial.

Com isso inflamou o discurso sobre a resolução alternativa das disputas (RAD's), cujo nome foi posteriormente alterado para Resolução adequada das disputas que consistiam em métodos alternativos para julgamento do Judiciário – diferentes do processo judicial –, como por exemplo: negociação, conciliação, mediação, arbitragem, justiça restaurativa, etc.[88]

A institucionalização desses métodos alternativos iniciou-se nos Estados Unidos, a partir do professor Frank Sender, com a apresentação dos Multidoor Courthouse – Fórum de Multiplas Portas. Para ele, o processo judicial seria uma da várias "portas" para resolver o conflito e que o Judiciário deveria disponibilizar outras "portas" como a conciliação, mediação, etc., direcionadas ao tratamento adequado de cada disputa.[89]

No Brasil, a institucionalização desses métodos foi aparecendo de forma tímida. Por exemplo, no Código de Processo Civil de 1973, a conciliação era prevista somente na audiência de instrução e julgamento, caso o litígio versasse sobre direitos patrimoniais de caráter privado e nas causas relativas à família – art. 447, *caput* e parágrafo único.

A partir de 1982 foram instituídos no Brasil os Conselhos de Conciliação com objetivo de solucionar, extrajudicialmente, lides de pequenas causas. Essa primeira experiência se deu no Estado do Rio Grande do Sul, cujos resultados positivos inspiraram a criação em outros estados da federação.[90]

A necessidade de um modelo de Justiça mais célere e simples para as causas de pequeno valor e menor complexidade foi propulsora da Lei Federal n°. 7.244/84, que instituiu a criação e funcionamento dos Juizados de Pequenas Causas, consolidando e legitimando o sucesso da experiência obtida com os Conselhos de Conciliação e Arbitragem,

---

88  CONSELHO NACIONAL DE JUSTIÇA; AZEVEDO, Andre Gomma de. (Org.). *Manual de Mediação Judicial.* 6. ed. Brasília: CNJ, 2016. Disponível em: <http://www.cnj.jus.br/files/conteudo/arquivo/2016/07/f247f5ce60df-2774c59d6e2dddbfec54.pdf>. Acesso em: 24 abr. 2019.

89  AZEVEDO, André Gomma, 2011, p. 11.

90  BACELLAR, Roberto Portugal. *Juizados especiais:* a nova mediação para-processual. São Paulo: Editora Revista dos Tribunais, 2003. p. 31.

representando um marco no sistema processual brasileiro, como bem observa Kazuo Watanabe.[91]

Na Constituição Federal de 1988, o legislador incorporou ao texto constitucional a necessidade da criação dos chamados *juizados especiais* – em substituição aos juizados de pequenas causas, impondo à União, ao Distrito Federal e aos Estados a sua implantação no território nacional. A criação, antes facultativa – art. 1º da Lei 7244/84 –, tornou-se medida obrigatória.

A partir da Constituição de 1988 – inciso XIX do art. 37 –, surgiram entidades – agências – ligadas ao poder público, com funções precipuamente de regular e fiscalizar a prestação de serviços públicos, a fim de que eles fossem colocados à disposição da população de forma eficiente. Essas agências, com natureza de autarquia, podem decidir com autonomia sobre de determinados setores da atividade econômica e social.[92]

Cumpre destacar que além de regular e fiscalizar a prestação de serviços pelas empresas privadas, as agências reguladoras exercem papel de suma importância no processo de desjudicialização dos conflitos porque podem "[...] solucionar as controvérsias que porventura surjam entre o poder concedente, concessionárias, permissionárias, autorizatárias e seus consumidores e usuários."[93] Elas podem resolver conflitos que envolvem falha na dispensação dos serviços vitais, tais como luz, água, telefone, antes que eles cheguem ao Judiciário ou até mesmo deferir indenizações no âmbito de sua competência.

Na área do Direito do Consumidor, por exemplo, encontra-se a reestruturação de órgãos de proteção como o Órgão de Proteção ao Consumidor (PROCON), com atribuição para solucionar os conflitos através da mediação e não apenas para fiscalização e aplicação de multas.

Em 26 de setembro de 1995, surgiu a Lei n º 9.099 que dispõe sobre os Juizados Especiais Cíveis e criminais, regulamentando o dispositivo constitucional – CF/88, art. 98, I. Ela revogou os termos da Lei 7.244/84 que tratava dos juizados de pequenas causas e surgiu como um novo paradigma para as soluções dos conflitos, trazendo "[...] propostas de tutela

---

91  WATANABE, Kazuo. *Juizado Especial de pequenas causas:* Lei n. 7.244, de 7 de novembro de 1984. São Paulo: Revista dos Tribunais, 1985.

92  BRASIL. Constituição da República Federativa do Brasil de 1988.

93  BACELLAR, Luiz Ricardo Trindade. Solução de controvérsias pelas agências reguladores. *Revista de Direito Administrativo*, v. 236, p. 164-174, abr./jun. 2004. p. 163.

## O OFICIAL DE JUSTIÇA CONCILIADOR

diferenciada ou de vias alternativas de tutelas e modelos de justiça popular, participativa, democrática, e como expressão de justiça coexistêncial."[94]

A conciliação passou a ganhar maior destaque e espaço nas práticas processuais com o advento das reformas ocasionadas pelas Leis n° 8.952/94 e 9.245/95. A primeira lei por instituir ao juiz o dever de tentar, a qualquer tempo, conciliar as partes, o que evitava a concentração do empenho conciliatório na Audiência de Instrução e Julgamento. A segunda lei, por ter firmado a posição de destaque da conciliação no procedimento sumário, incluía uma audiência somente para tentar conciliar as partes e permitia a resposta do réu apenas nesse momento.

Nesse contexto, onde as formas alternativas de solução de conflitos ganhavam destaque, foi promulgada a Lei de Arbitragem, n° 9.307 de setembro de 1996. Ela possibilitou as partes elegerem um árbitro para resolver seus conflitos que versassem sobre direitos patrimoniais disponíveis, as quais poderiam ainda escolher os critérios para julgamento, se com base no direito ou na equidade.

Segundo Tania Muniz, o instituto da arbitragem possui duas características principais: "[...] acordo de vontades das partes e o poder de julgar que recebem os árbitros, subtraindo o julgamento estatal." [95] Para a autora, a segunda característica retrata o objetivo da desjudicialização.

Outra tentativa de desjudicialização pode ser vista na lei de recuperação extrajudicial de empresas, Lei n°. 11.101 de 09 de fevereiro de 2005, que substituiu o Decreto-Lei 1661/45. Com ela passou-se a permitir a recuperação de empresas por meio de um procedimento de negociação direta entre os interessados, criando-se, com isso, a recuperação extrajudicial de empresas, sujeitando a matéria à apreciação do magistrado tão somente para homologação. Sua aplicação substituiu o instituto da concordata, procedimento moroso e submetido a intervenções judiciais.

Em 23 de agosto de 2006, o Conselho Nacional de Justiça (CNJ) deu início ao programa "Movimento pela conciliação", com o objetivo de divulgação e incentivo à solução dos conflitos por meio do diálogo, com vistas a garantir maior efetividade e celeridade na prestação jurisdicional.[96]

---

94  ABREU, Pedro Manoel, 2008, p. 254.

95  MUNIZ, Tânia Lobo. *Arbitragem no Brasil e a Lei 9.307/96*. Curitiba: Juruá, 2003. p. 19

96  CONSELHO NACIONAL DE JUSTIÇA. Movimento da conciliação e mediação. 2006. Disponível em: <http://www.cnj.jus.br/programas-e-acoes/conciliacao-e-mediacao-portal-da-conciliacao/movimento-conciliacao-mediacao>. Acesso em: 24 abr. 2019.

Em 2009, a Lei Complementar nº 132, que trata sobre a organização da Defensoria Pública, inovou prescrevendo expressamente no inciso II do artigo 4ª, a determinação para "[...] promover, prioritariamente, a solução extrajudicial dos litígios, visando à composição entre as pessoas em conflito de interesses, por meio de mediação, conciliação, arbitragem e demais técnicas de composição e administração de conflitos."[97]

Em 29 de novembro de 2010, o Conselho Nacional de Justiça aprovou a Resolução n.º 125/CNJ que dispõe sobre a Política Nacional Judiciária de tratamento adequado dos conflitos de interesses no âmbito do Poder Judiciário, representando um marco na institucionalização de meios *alternativos* de resolução dos conflitos pelo Judiciário e revela a necessidade de mudança de mentalidade dos operadores do direito e das partes.

A referida resolução propõe a criação dos Centros Judiciários, disponibilizando em um único local, variados mecanismos de solução de conflitos, com ênfase na conciliação e mediação.

No dia 18 de março de 2016, entrou em vigor a Lei n.º 13.015, de 16 de março de 2015, que instituiu o novo Código de Processo Civil (CPC/2015), no qual percebeu-se um novo momento para os métodos alternativos de soluções de conflitos e de desburocratização da justiça, no contexto do cenário jurídico brasileiro.

O CPC/2015 primou que o Estado "promoverá", sempre que possível, a solução consensual dos conflitos (art. 3º, §2º) e incumbiu de forma expressa aos juízes, advogados, defensores públicos e membros do Ministério Público a estimulação à conciliação, mediação e outros métodos de solução consensual de conflitos (art. 3º, § 3º). Além de inserir significativas mudanças, dentre elas: a possibilidade de as partes modificarem procedimentos (art. 190), a contagem do prazo em dias úteis (art. 219), citação por meio eletrônico (art. 246, V), a necessidade de prévia audiência de conciliação ou mediação (art. 334), etc.[98]

---

97    BRASIL. Lei Complementar nº. 132 de 7 de outubro de 2009. Altera dispositivos da Lei Complementar nº 80 e dá outras providências. Disponível em: <http://www.planalto.gov.br/ccivil_03/leis/lcp/lcp132.htm>. Acesso em: 24 abr. 2019.

98    BRASIL. Lei nº. 13.105 de 16 de março de 2015. Código de Processo Civil. Disponível em: <http://www.planalto.gov.br/ccivil_03/_ato2015-2018/2015/lei/l13105.htm>. Acesso em: 24 abr. 2019.

## O OFICIAL DE JUSTIÇA CONCILIADOR

Para o professor Fredie Didier, o CPC/2015 trouxe no art. 3º o "princípio do estímulo da solução por autocomposição."[99]

No capítulo dedicado aos auxiliares da justiça, o CPC/2015 traz uma seção destinada aos "Conciliadores e Mediadores Judiciais", onde especifica que o Conciliador atuará preferencialmente nos casos em que não tiver vínculo anterior entre as partes, podendo sugerir soluções, sendo vedado constranger ou intimidar as partes (art. 165, §2º), como também determina que o Mediador atuará preferencialmente nos casos em que houver vínculo anterior e auxiliará as partes a compreenderem e identificarem por si próprios as soluções (art. 165,§3º).

Percebe-se que o CPC/2015 institucionalizou a tendência autocompositiva – derivada da tendência ao estímulo às formas alternativas de solução consensual dos conflitos –, tal como vinha ocorrendo em outras mudanças legislativas.

Portanto, nas três últimas décadas, surgiu uma verdadeira avalanche de iniciativas legislativas voltadas à desjudicialização dos conflitos e de desburocratização da Justiça, como reflexo à tendência ao estímulo das formas alternativas de solução dos conflitos institucionalizadas a partir da ressignificação do acesso à justiça e do conflito.

---

99 "Pode-se, inclusive, defender atualmente a existência de um princípio do estímulo da solução por autocomposição – obviamente para os casos em que ela é recomendável. Trata-se de um princípio que orienta toda a atividade estatal na solução dos conflitos jurídicos." Cf.: DIDIER JR., Fredie. *Curso de Direito Processual Civil*. 19. ed, ampliada. Salvador: Ed. Juspodivm, 2017. p. 306.

# 3. O OFICIAL DE JUSTIÇA À LUZ DA TENDÊNCIA AUTOCOMPOSITIVA DO CPC/2015

## 1. TRAJETÓRIA HISTÓRICO-FUNCIONAL DO OFICIAL DE JUSTIÇA

O Oficial de Justiça é servidor permanente do Poder Judiciário a quem compete cumprir todas as ordens do juízo ou Tribunal, emanadas através de mandado para as determinações externas, tais como citações, intimações, prisões e outros atos processuais.[100]

Contudo, a origem do oficial de justiça se perde na história, com os primeiros indícios no Direito Hebraico, o qual tem base religiosa e teria sido dado por Deus a Moisés e que se compunha das Leis Mosaicas e dos cinco livros bíblicos do pentateuco: Gênesis, Êxodo, Levítico, Números e Deuteronômio.[101]

A figura similar aos atuais oficiais de justiça aparece em alguns fragmentos bíblicos, como por exemplo no livro de 1 Crônicas (23:1-4), onde após o Rei Davi fazer seu filho Salomão rei de Israel, ordenou-lhe a construção de um templo de adoração a Deus – Templo de Salomão –, nomeou 38 mil homens, destes 6 mil para servirem como juízes e oficiais.[102]

---

100 RODRIGUES, Horácio Wanderlei; LAMY, Eduardo de Avelar, 2016, p. 323.

101 MOURA, Renata Bandeira de. Direito Hebraico Antigo. 2011. Disponível em: <http://www.ebah.com.br/content/ABAAAehXQAH/direito-hebraico-antigo>. Acesso em: 24 abr. 2019.

102 *BÍBLIA*, 2008.

## O OFICIAL DE JUSTIÇA CONCILIADOR

Mario Name[103] presumindo que se conheça o ano exato do nascimento de Cristo, estima que o templo de Salomão foi inaugurado no mês de maio de 996 a.C., logo a figura dos oficiais de justiça e dos juízes datam de pelo menos 1 milênio a.C.

Observa-se que no direito Hebreu parece não haver muita distinção entre juízes e o oficial de justiça. Por exemplo, no livro de Deuterônomio, cuja autoria é atribuída a Moisés e teria sido escrito por volta do ano 1400 a.C.,[104] contém uma passagem onde aponta que se o injusto merecesse açoites, o juiz o faria deitar-se diante dele para ser açoitado (capítulo 25, versículo 2), demonstrando com isso que o próprio juiz levaria suas próprias ordens para serem cumpridas.

Outra passagem bíblica que remete com maior clareza à figura mais similar a dos atuais oficiais de justiça, está no livro de Lucas (capítulo 12, versículo 58), o qual se estima que tenha sido escrito entre 59 a 75 d.C., com a seguinte redação:

> Quando algum de vocês estiver indo com seu adversário para o magistrado, faça de tudo para se reconciliar com ele no caminho; para que ele não o arraste até o juiz, o juiz o entregue ao oficial de justiça, e o oficial de justiça o jogue na prisão. Eu digo que você não sairá de lá enquanto não pagar o último centavo.[105]

Leonel Baldasso Pires[106] esclarece que a origem do Oficial de Justiça se deu no Direito Hebraico e que naquela época os Juízes de Paz tinham, à sua disposição, alguns oficiais encarregados de executar as ordens que lhe eram confiadas. Não sendo possível afirmar que a todo o Juiz da época fosse disponibilizado um auxiliar exclusivo para cumprir suas ordens.

No direito romano existia a figura dos *apparitores,* os quais eram oficiais encarregados de cumprir as determinações dos juízes, como por exemplo, confiscar bens e escravos dos devedores para que posteriormente fossem vendidos em hasta pública. Tal procedimento se assemelha aos atuais atos expropriatórios de penhora e alienação judicial, existentes nos ritos de cumprimento de sentença e de execução.

---

103 NAME, Mario. *O templo de Salomão nos mistérios da maçonaria*. São Paulo: A Gazeta Maçônica, 1988. p. 152.

104 *BÍBLIA*, 2008, p. 221.

105 *BÍBLIA*, 2008, p. 1298.

106 PIRES, Leonel Baldasso. *Oficial de Justiça:* princípios e prática. Porto Alegre: Livraria do Advogado, 2001. p. 20.

O magistrado, a pedido do credor, ordenava a seus oficiais (aparelhos) que apreendessem objetos do devedor, especialmente escravos e dinheiro, sobre os quais o credor adquiriu o direito de fiança. Se após dois meses a dívida não fosse satisfeita, a venda era feita em leilão.[107]

Também no Direito romano encontram-se ainda duas outras figuras que se assemelham ao atual oficial de justiça: os *viatores*, os quais eram incumbidos de levar as comunicações dos magistrados à determinada pessoa; e os *praecones,* os quais eram incumbidos de anunciar as comunicações dos magistrados ao público geral.[108]

Nas legislações medievais, os executores das ordens dos magistrados não apresentavam grande importância. Porém, à medida em que vai se difundindo o Direito Canônico e o Direito Romano esses executores foram readquirindo a posição de auxiliares do juiz.[109]

Na idade média, a figura do oficial de justiça permaneceu semelhante àquelas concepções extraídas do Direito hebraico e romano. Por exemplo, no século XII, "[...] o território da Inglaterra medieval era percorrido por grupos de juízes itinerantes, de confiança do rei, que se ocupavam em resolver todas as espécies de processos nos quais interessavam politicamente."

Esses juízes necessitavam de pessoas – *sherriff* – para auxiliá-los no cumprimento das decisões *–writ* – e, por isso, dias antes de empreenderem a viagem, encaminhavam uma ordem aos responsáveis pela segurança daquela comunidade para que convocassem os homens mais importantes da região para auxiliar nas atividades.[110]

No século XIII, o rei de Portugal Dom Afonso II estabeleceu "[...] uma política de centralização jurídico-administrativa inspirada em princípios

---

107 No original: "El Magistrado, a peticíon del acreedor, ordenaba a sus oficiales (*apparitores*) que se apoderaran de objetos del deudor, especialmente de esclavos y dinero, sobre los cuales el acreedor adquiria um derecho de fianza. Si passados dos meses no se satisfacía la deuda, se efectuaba la venta em pública subasta." Cf.: BONFANTE, Pedro. *Instittuiciones de derecho romano.* Madrid: Instituto Editorial réus, 1959. p. 134. (tradução minha)

108 BÖETTCHER, Carlos Alexandre. *História da Magistratura:* o pretor no Direito Romano. São Paulo: LCTE Editora, 2011. p. 74.

109 PIRES, Leonel Baldasso, 2001, p. 20.

110 CEDRO, Marcelo. *Oficial de Justiça na história.* Belo Horizonte: Del Rey, 2009. p. 25.

## O OFICIAL DE JUSTIÇA CONCILIADOR

do direito romano: supremacia da justiça real em relação à senhorial e a autonomia do poder civil sobre o religioso." Uma das suas medidas foi nomear o primeiro *meirinho-mor* do reino encarregado de garantir o poder real na esfera judicial e que tinha à sua disposição outros meirinhos para cumprir suas ordens e realizarem diligências.[111]

Em Portugal, também houve o surgimento da instituição dos Oficiais de Justiça, também denominados de *sagio* ou *saion*, ou ainda, de meirinhos ou *meirinus*. Com relação a essa nomenclatura, Gerges Nary afirma que no direito português, "[...] o meirinho se distinguia, pois, do meirinho-mor, este era magistrado. Aquele era Oficial de Justiça, que prende, cita, penhora e executa outros mandados judiciais; é oficial dos ouvidores e dos vigários geral."[112]

Durante o período compreendido de 1063 até o final do século XIX, as ordenações Filipinas representavam a espinha dorsal do ordenamento jurídico português e nelas estavam previstas atribuições aos meirinhos, os quais agiam em nome do Rei ou do Corregedor de Justiça, merecendo destaque o título 17 do Livro I, no qual se previa que "[...] ao meirinho-mor pertence pôr em sua mão, um meirinho que ande continuamente na corte, o qual será seu escudeiro de boa linhagem, e conhecimento bom." [113]

O Direito francês antigo dividiu em duas categorias os auxiliares da justiça da época, ou seja, havia o Oficial Judiciário e o *huissier*. O primeiro era comparável aos escrivães e escreventes da atualidade, enquanto que o segundo se comparava aos atuais Oficiais de Justiça.[114]

No Brasil Império, a figura do meirinho seguiu os mesmos moldes da legislação portuguesa e era aquele que tinha por encargo executar as ordens e os mandados dos juízes de direito e de paz, que podiam nomear e demitir livremente os oficiais de justiça.[115]

O termo meirinho foi caindo em desuso e foi substituído no Decreto n 737/1850 pelo termo *Official de Justiça*, permanecendo nas legislações posteriores. Nesse Decreto, no Código de Processo Civil de 1939 e no

---

111 CEDRO, Marcelo, 2009, p. 29.

112 NARY, Gerges. Oficial de Justiça: teoria e prática. São Paulo: Universitária de Direito, 1985. p.10.

113 CEDRO, Marcelo, 2009, p. 28.

114 PIRES, Leonel Baldasso, 2001, p. 22.

115 NARY, Gerges, 1985, p. 11.

Código de Processo Penal de 1941 não havia um tópico ou artigo próprio destinado a condensar e enumerar as atribuições dos oficiais de justiça, as quais eram mencionadas de forma aleatória, mas sempre relacionadas ao cumprimento das determinações judiciais.

A partir do código de processo civil de 1973, as atribuições do Oficial de Justiça ganharam um artigo próprio (artigo 143), permanecendo da mesma forma no CPC/2015 (artigo 154).

Dentre as alterações resultantes do CPC/2015 em relação ao CPC/1973, a mais inovadora foi a do inciso VI, que passou a exigir do Oficial de Justiça o dever de "certificar, em mandado, proposta de autocomposição apresentada por qualquer das partes, na ocasião de realização de ato de comunicação que lhe couber."

Essa inovação demonstra não só a primazia do CPC/2015 às formas consensuais de resolução de conflitos, como também uma inédita atribuição do oficial de justiça frente aos conflitos, jamais contemplada durante toda a existência de sua função.

Desse breve levantamento histórico-funcional, resta evidente que toda a existência do Oficial de Justiça esteve atrelada à função precípua de auxiliar da Justiça e de dar cumprimento às ordens judiciais. Por isso não é incorreto afirmar que sua atuação deverá sempre ser pautada nos interesses da Jurisdição.

## 2. DOS PREDICADOS EXIGIDOS À FUNÇÃO DE OFICIAL DE JUSTIÇA

O oficial de justiça exerce função de relevância no universo judiciário, pois é por intermédio dele que se concretiza grande parte das determinações judiciais, "[...] atuando o meirinho como verdadeira *longa manus* do magistrado. É um auxiliar da Justiça e, no complexo de sutilezas dos atos processuais, é elemento importante para a plena realização da justiça."[116]

Nesse sentido, o Oficial de Justiça, sendo a representação física do Judiciário nas ruas, deve preservar a imagem da instituição e efetuar as diligências com bom senso e a máxima dedicação. Jamais deve se corromper e viver os preceitos da justiça, agindo com retidão e equidade.

> O oficial deve se convencer da importância do ato, da importância da sua atribuição, para que então o ato de certificar e todas suas atribui-

---

116 PIRES, Leonel Baldasso. *Oficial de Justiça:* princípios e prática. Porto Alegre: Livraria do Advogado, 2001. p. 7.

## O OFICIAL DE JUSTIÇA CONCILIADOR

ções, sejam realizados da melhor maneira possível, para que não se trate apenas de um ato corriqueiro, enfadonho cumprimento do dever, da obrigação. Deve-se, antes de tudo, fazer aquilo do que se gosta. Tudo feito com prazer, terá melhor resultado e admiração de todos. O segredo do sucesso está em trabalhar com satisfação. Quando se faz um trabalho de modo espontâneo e natural, prazeroso, estar-se-á despontando no caminho do seu bom trabalho. Deve-se, sempre, procurar ser um bom profissional e nunca um mero cumpridor de tarefas, conscientizando-se disso e impondo-se perante todos com altivez e respeito.[117]

Na maioria das vezes, o Oficial de Justiça trabalha sozinho, em locais de risco, exposto à resistência dos jurisdicionado, sem auxílio policial e em situações que exigem habilidades para portar-se diante das adversidades advindas no cumprimento das ordens judiciais. A postura no exercício da função deverá ser adquirida, trabalhada e aperfeiçoada em cada mandado.

Por isso, para o exercício de seu mister, Gerges Nary[118] relaciona o que considera predicados obrigatórios do Oficial de Justiça:

1. Dedicação: consiste em ser comprometido com a eficácia de suas atribuições e esgotar todas as possibilidades possíveis para o efetivo cumprimento dos mandados;

2. Discrição: consiste em ser discreto e não chamar atenção para si ou para o ato que está cumprindo. Tratando-se de ato afeto ao segredo de justiça, deverá o Oficial de Justiça manter maior cautela e sigilo, de modo a não divulgar o conteúdo do mandado a estranhos ou até familiares do destinatário;

3. Energia: consiste em agir com firmeza no cumprimento das determinações que lhe forem confiadas e na disposição para vencer os inúmeros obstáculos encontrados na prática de sua tarefa;

4. Espírito de cooperação: consiste em dotar-se de boa vontade e presteza para auxiliar outros servidores, pois sendo ele uma das "engrenagens" do serviço judicial deve ser colaborativo para o bom andamento do sistema como um todo;

5. Estabilidade emotiva: consiste em conseguir agir com calma e presença de espírito quando em diligência e em situações desagradáveis ou perigosas. Seu equilíbrio será determinante para realização de determinados mandados;

---

117 VEADO, Carlos Weber ad-Vícula. *Oficial de Justiça e sua Função nos Juízos Cível e Criminal*. Leme: Editora de Direito, 1997. p. 20.

118 NARY, Gerges, 1985, p. 38.

6. Pontualidade: consiste em ser pontual e honrar os compromissos e respeitar os prazos estabelecidos para o cumprimento dos mandados, pois sua pontualidade repercute no bom andamento processual;

7. Prudência e segurança: consiste na capacidade de agir com cautela nas diligências, evitando possíveis acidentes ou deserções, prevenindo-se dos perigos que são inerentes ao exercício da função;

8. Senso de responsabilidade: consiste em ser responsável e executar os trabalhos ou ordens com zelo, solicitude, precisão e presteza;

9. Honestidade: consiste no dever moral de ser honesto, virtude obrigatória e intrínseca da função do Oficial de Justiça;

10. Sigilo: consiste em guardar absoluto sigilo, não fazendo quaisquer comentários com pessoas estranhas ao ambiente forense sobre assuntos relacionados ao serviço.

Pode-se dizer que o CPC/2015 trouxe a necessidade do oficial de justiça desenvolver um novo predicado: "Espírito conciliador", que consiste em desenvolver comunicação assertiva e buscar conciliar as partes, sempre que possível.

Esses predicados asseguram que o oficial de justiça consiga executar com precisão e pontualidade as ordens que lhe forem acometidas.

## 3. ASPECTOS JURÍDICOS DA AUTOCOMPOSIÇÃO PELO OFICIAL DE JUSTIÇA E ANÁLISE SISTÊMICA DO SEU PERFIL

O novo Código de Processo Civil de 2015 (CPC/2015) enumerou no artigo 154 o rol de atribuições do oficial de justiça, sendo inédita a contida no inciso VI, cujo conteúdo e o parágrafo único merecem transcrição:

> Art. 154. Incumbe ao oficial de justiça:
> VI – certificar, em mandado, proposta de autocomposição apresentada por qualquer das partes, na ocasião de realização de ato de comunicação que lhe couber.
> Parágrafo único. Certificada a proposta de autocomposição prevista no inciso VI, o juiz ordenará a intimação da parte contrária para manifestar-se, no prazo de 5 (cinco) dias, sem prejuízo do andamento regular do processo, entendendo-se o silêncio como recusa.[119]

Das inovações do CPC/2015 em relação aos auxiliares da justiça, a certificação da proposta de autocomposição pelo oficial de justiça,

---

119 BRASIL, 2015, op.cit.

O OFICIAL DE JUSTIÇA CONCILIADOR

prevista no art. 154, VI, é a mais interessante. Primeiro porque as legislações anteriores jamais previram tal atribuição, segundo por restar manifesto o bom propósito do legislador no sentido de dar privilégio à solução consensual dos conflitos, como, por exemplo, se verifica do teor de outros dispositivos. [120]

Porém, vale o resgate histórico-legislativo para encontrar a origem dessa nova atribuição que não constava no anteprojeto do Novo Código de Processo Civil (PLS 166/2010),[121] aprovado em 15 de dezembro de 2010 pelo Senado Federal, cujo art. 133 cuidou de enumerar as atribuições dos oficiais de justiça.[122]

Observa-se que, com exceção algumas singelas alterações ortográficas nos incisos I e II, e a substituição da expressão *coadjuvar* por *auxiliar* no inciso V, o texto proposto no anteprojeto foi idêntico ao contido no art. 143 do Código de Processo Civil de 1973. Ou seja, não havia previa nenhuma alteração significativa para o oficial de justiça.

O PLS 166/2010 seguiu para a Câmara dos Deputados, onde foi atuado como PL 8.046/2010 e durante sua tramitação recebeu ao menos 900 propostas de emendas na comissão, sendo que a primeira delas a modificar as atribuições dos oficiais de justiça, foi a de número 421/2011, cujo conteúdo impera transcrever:

> Inclua-se o seguinte inciso V no artigo 133 do PL n° 8.046/2010:
> Art. 133.
> [...]

---

120  Ex.: art. 2°, § 3°, art. 3°, § 2°, art. 165, art. 359, art. 694.

121  SENADO FEDERAL. Projeto de Lei do Senado n° 166, de 2010. Disponível em: <https://www25.senado.leg.br/web/atividade/materias/-/materia/97249>. Acesso em: 24 abr. 2019.

122  Art. 133. Incumbe ao oficial de justiça:

I - fazer pessoalmente as citações, as prisões, as penhoras, os arrestos e demais diligências próprias do seu ofício, certificando no mandado o ocorrido, com menção de lugar, dia e hora, e realizando-as, sempre que possível, realizar-se-á na presença de duas testemunhas;

II - executar as ordens do juiz a quem estiver subordinado;

III - entregar, em cartório, o mandado logo depois de cumprido;

IV - estar presente às audiências e auxiliar o juiz na manutenção da ordem.

V - efetuar avaliações.

V – Agir, no momento da diligência e estando presente as partes, como conciliador para garantir o cumprimento da decisão judicial, certificando no mandato (*sic*) o conteúdo de eventual conciliação admitida pelas partes envolvidas, acompanhada do termo de concordância de cada parte ou, nos casos em que a lei não admite a ausência do advogado, de seu procurador.[123]

A referida emenda foi proposta pelo Deputado Padre João e outros, que assim o faziam em atendimento ao pleito da Federação Nacional dos Oficiais de Justiça do Brasil (FENOJUS), Federação Nacional das Associações de Oficiais de Justiça Avaliadores Federais (FENASSOJAF) e da Federação das Entidades Representativas dos Oficiais de Justiça Estaduais do Brasil (FOJEBRA). Pretendia acrescer uma nova atribuição aos oficiais de justiça, consistente no dever agir como um conciliador quando presente as partes. A justificativa[124] para emenda era de que essa atribuição garantiria maior efetividade à prestação jurisdicional.

---

123 CÂMARA DOS DEPUTADOS. Emenda na Comissão n° 421 de 11 de novembro de 2011. Disponível em: <https://www.camara.leg.br/proposicoesWeb/prop_mostrarintegra?codteor=940564&filename=EM-C+421/2011+PL602505+%3D%3E+PL+8046/2010>. Acesso em: 24 abr. 2019.

Obs.: Acredita-se que houve erro material, pois pelo que se depreende da proposta de emenda pretendia-se incluir um incisos, o qual deveria ser 'VI' e não 'V'.

124 JUSTIFICATIVA

A atribuição desta prerrogativa de função garantirá maior efetividade à prestação jurisdicional. Questões que não alterem a essência ou mérito da decisão judicial, a priori acessórias ao cumprimento do mandato, tais como o parcelamento, forma de pagamento ou substituição do bem (coisa discutida em juízo), poderiam ser objeto de conciliação imediata.

Nota-se que o motivo da criação do presente projeto foi a observância dos longos anos que as partes tem que esperar para terem uma sentença judicial. Muitas vezes, estas nem chegam a ver em vida seus direitos materializados. Tudo isto pode estar ocorrendo tendo em vista a burocracia judicial e o contexto histórico da elaboração do código em vigor. O procedimento é muito complexo e delongado.

As relações sociais se inovam e se desenvolvem mais rapidamente a cada dia. As inúmeras reformas introduzidas ao qual código tentam acompanhá-las. Contudo enquanto este não se desenvolver juntamente com a sociedade, com uma visão mais moderna, nunca saciará aos anseios desta, tornando-a sempre insatisfeita e desacredita com a existência da justiça.

O OFICIAL DE JUSTIÇA CONCILIADOR

Em 09 de agosto de 2012 o Deputado Enfrain Filho, incumbido de emitir parecer acerca dos arts. 1º a 291, proferiu o Parecer do Relator Parcial nº 5, onde opinou pela rejeição da Emenda na Comissão nº 421/2011, por entender que ao oficial não é dada a incumbência de ver as partes simultaneamente. No mesmo parecer apresentou a proposta de emenda nº 64, para incluir a atribuição de certificar a proposta de conciliação, cuja redação foi praticamente idêntica à aprovada no CPC/2015.[125]

Em 07 de novembro de 2012 o Relator Deputado Sergio Barradas proferiu parecer favorável à inclusão do inciso VI e parágrafo único ao artigo destinado às atribuições dos oficiais, enaltecendo que a regra se harmoniza com o projeto, que busca incentivar a autocomposição, e acolheu a Emenda 64 que constava do Relatório-Parcial do Deputado Efraim Filho, que por sua vez encampou sugestão apresentada pela FENASSOJAF e pela FOJEBRA.

Em 17 de julho de 2013, a Comissão Especial aprovou a redação final do NCPC oferecida pelo Relator-Geral, Deputado Paulo Teixeira e, em relação ao artigo 154 e seu parágrafo único, substituiu o termo *conciliação* por *autocomposição* e suprimiu a expressão *a respeito*, resultando no texto aprovado para o CPC/2015.

---

A demora de se ter uma resposta às partes e a eficácia final das decisões judiciais seriam abreviadas se o oficial de justiça, representante do judiciário, como primeiro contato direto dos jurisdicionados, agir como conciliador, evitando-se assim, a demora resultante de novas petições formais, que demandam tramitação no sobrecarregado poder judiciário. Cumprir-se-ia, desta forma, aos princípios da duração razoável do processo e celeridade processual.

125 Dê-se ao art. 133 do Projeto de Lei no 8.046, de 2010, a seguinte redação: "Art. 133.

[...]

VI – certificar, em mandado, proposta de conciliação lançada por qualquer das partes.

Parágrafo único. Certificada proposta de conciliação, nos termos do inciso VI, o juiz mandará intimar a parte contrária para, no prazo de 05 (cinco) dias, manifestar-se a respeito, entendendo-se o silêncio como recusa." (CÂMARA DOS DEPUTADOS. Projeto Lei nº 8.046, de 2010.Parecer Relator – Parcial nº 5).

De qualquer forma, essa nova atribuição do Oficial de Justiça foi recebida com bons olhos e otimismo por Silas José da Silva,[126] por entender justificável e razoável, uma vez que é esse servidor que tem o primeiro contato com os jurisdicionados, podendo inclusive conferir sua vida pessoal e obter a proposta de autocomposição. Isso representará significativa agilidade ao trâmite do processo, na medida em que o acordo poderá ser homologado antes mesmo do comparecimento pessoal das partes ao órgão jurisdicional competente.

Porém, alguns pontos não foram esclarecidos pelo CPC/2015 em relação à certificação da proposta de autocomposição. Não ficou claro, por exemplo, se havendo a anuência da parte contrária acerca da proposta de acordo deveria então o juiz homologar ou encaminhar os autos para ratificação em audiência com a presença de advogado. Também não ficou claro se oficial de justiça deve inquirir ou estimular a parte acerca de eventual interesse em compor o litígio.

A maioria dos doutrinadores citados e pesquisados nada falam a respeito da necessidade ou não de ratificação de proposta por advogado. Porém, a referida dúvida se mostra pertinente ainda mais quando se verifica que é obrigatório que as partes estejam acompanhadas de advogado ou defensor público na audiência preliminar de conciliação ou mediação, conforme §9º, do artigo 334, CPC.

Cristiano Imnhof[127] entende que a aceitação da proposta pela parte contrária não induz imediatamente à homologação e à consequente extinção do feito, afirmando que então deverão ser adotadas as técnicas de conciliação e mediação, mencionando inclusive o art. 334, § 9º, o qual diz que as partes devem estar acompanhadas por seus advogados ou defensores públicos na audiência conciliatória. Isso deixa implícito o entendimento acerca da necessidade do acordo ser assistido por advogado ou defensor público.

Nelson Nery Júnior entende que o juiz é quem deverá sopesar as situações em que os termos ou objeto do acordo devem ser ratificados ou retificados por advogado. Para ele, em alguns casos a proposta feita pelo demandado e aceita pelo demandante poderá induzir à sentença homologatória, com a consequente extinção do feito.

---

126 SILVA, Silas José da. Novas atribuições do oficial de justiça no CPC/2015. 2016. Disponível em: <https://jus.com.br/artigos/47298/novas-atribuicoes-do-oficial-de-justica-no-cpc-2015>. Acesso em: 24 abr. 2019.

127 IMNHOF, Cristiano. *Novo código de processo civil comentado*. 2. ed. rev. aum. e atual. São Paulo: BookLaw, 2016.

## O OFICIAL DE JUSTIÇA CONCILIADOR

O oficial deverá registrar e certificar a proposta, a qual deverá, depois, seguir para apreciação da parte contrária. A princípio, a pretensão do réu, revelada informalmente ao oficial e certificada no mandado, dará ensejo às providências do CPC 2015 par. ún. Ao juiz caberá, diante da aquiescência do autor, sopesar se é o caso de o réu assistir-se por advogado.[128]

Jonathan Porto Galdino do Carmo[129] entende ser perfeitamente possível a imediata homologação do acordo proposto pelo réu ao oficial de justiça, com a consequente extinção do processo com julgamento de mérito, fazendo coisa julgada material se não houver recurso.

Antônio do Passo Cabral e Ronaldo Cramer[130] entendem que havendo aceitação pela parte contrária acerca da proposta feita para o oficial de justiça, o acordo será levado à homologação, transparecendo o entendimento de desnecessidade de ratificação por advogado.

Por outro lado, a necessidade de ratificação por advogado da proposta poderá representar um ato formal que esbarra na autonomia da vontade das partes, configurando um formalismo excessivo, de modo a destoar dos fins a que o CPC/2015 se propõe. Diga-se que a norma procurou estabelecer um processo democrático, cooperativo, tendo como primazia a autonomia da vontade das partes, como pode se extrair do artigo 190. Tal norma permite às partes a convenção acerca de procedimentos a serem adotados, circunstância até então impensável.

Numa análise sistêmica do ordenamento jurídico, não seria incorreto afirmar que se a representação por advogado tivesse de ser observada a rigor, como pressuposto absoluto para manifestação de vontade em juízo, inaplicável seria a presunção de veracidade dos fatos alegados pela parte demandante nos casos de revelia do demandado. Isso porque seu silêncio careceria de ratificação por advogado.

---

128 NERY JÚNIOR, Nelson; NERY, Rosa Maria de Andrade. *Comentários ao Código de Processo Civil*. São Paulo: Revista dos Tribunais, 2015. p. 629.

129 CARMO, Jonathan Porto Galdino de. A indispensabilidade da atividade do oficial de justiça para o novo Código de Processo Civil. 2015. Disponível em: <https://jus.com.br/artigos/42566/a-indispensabilidade-da-atividade-do-oficial-de-justica-para-o-novo-codigo-de-processo-civil>. Acesso em: 24 abr. 2019.

130 CABRAL, Antônio do Passo; CRAMER, Ronaldo. *Comentários ao novo Código de Processo Civil*. 2. ed. rev. atual. e amp. Rio de Janeiro: Forense, 2016.

A propósito, foi esse formalismo excessivo que buscou o legislador evitar ao editar o CPC/2015, como se colhe da manifestação do Min. Luiz Fux, presidente da comissão que o elaborou:

> O novel código enfrentou as barreiras da morosidade mediante criativas soluções. [...] A primeira, tributada ao excesso de formalidades do processo oriunda da era do iluminismo, na qual reinava profunda desconfiança sobre o comprometimento do Judiciário com o ancião regime, razão que conduziu os teóricos da época a formular técnicas de engessamento dos poderes judiciais.[131]

Para o Fux, a cultura ultrapassada do formalismo foi superada mediante a adoção de uma série de medidas, dentre elas, citada com ênfase, "[...] a possibilidade de adoção de um procedimento das partes" e a "conciliação *initio litis.*"[132]

Por derradeiro, a proposta de autocomposição pelo oficial de justiça é direcionada à parte contrária e não ao juízo, por isso não pode ser entendida como um ato postulatório e sim um ato negocial. Desnecessita, portanto, de ratificação por advogado ou defensor público, na medida que revela o interesse da parte em acordar para não se submeter à imposição da Jurisdição.

Outra questão que merece atenção, é que a proposta de acordo não tem o condão de suspender o andamento processual, como bem advertido pelo legislador no parágrafo único do artigo 154 do CPC/2015.

A proposta realizada pela parte diretamente ao oficial de justiça tem o condão exclusivo de prospectar um acordo e não necessariamente de satisfazer imediatamente o objeto da ação de modo a extingui-la. Em outras palavras, não se enquadra na concepção de motivo justo para suspensão do processo ou para deixar o oficial de justiça de realizar o ato.

Neste ponto, a não suspensão evita o surgimento de propostas frívolas com intuito de procrastinar o feito e impedir a realização dos atos processuais. Assim, o oficial não poderá deixar de praticar o ato descrito no mandado a pretexto do oferecimento de proposta de acordo, sob pena de incorrer em ilícito administrativo por deixar de cumprir no prazo os atos impostos por lei, conforme preceitua o artigo 155, I do CPC/2015.

---

131 FUX, Luiz. *Novo código de processo civil temático.* São Paulo: Editora Mackenzie, 2015. p. 14.

132 FUX, Luiz, 2015, p. 16.

O OFICIAL DE JUSTIÇA CONCILIADOR

Neste sentido, José Miguel Medina esclarece que o oficial de justiça não está autorizado "[...] a suspender ou retardar o início de atividade que dever realizar (p. ex., algum ato executivo) pelo fato de ter ouvido proposta de composição de uma das partes (p. ex., do executado)."[133]

Quanto à possibilidade de o oficial agir de forma proativa em relação ao estímulo à solução consensual dos conflitos pelas partes, a legislação também foi omissa e poucos autores falam a respeito.

Para José Miguel Medina,[134] André Pagani Souza[135] e Tereza Arruda Alvim Wambier[136] a obrigação do oficial de justiça é somente certificar a proposta de acordo, ao passo que para Daniel Amorim Assumpção Neves[137] a inédita atribuição seria mais significativa se o oficial esclarecesse à parte a possibilidade de autocomposição.

Com entendimentos diferentes estão os doutrinadores Jonatas Luiz Moreira de Paula,[138] Lenio Streck e Diele Cunha,[139] os quais defendem que o oficial de justiça tem o dever de agir proativamente incentivando a parte a oferecer uma proposta, até porque essa seria a atitude que mais se amolda ao modelo de processo proposto pelo CPC/2015, pautado na primazia do estímulo à autocomposição.

> O dispositivo traz nova atribuição para o oficial de justiça, que se amolda ao modelo de processo que se quer estabelecer, de nítido estímulo a autocomposição (art. 3º, do CPC/2015). Assim, incumbe-lhe, quando

---

133 MEDINA, José Miguel, 2016, p. 285.

134 MEDINA, José Miguel. *Novo Código de Processo Civil comentado:* com remissões e notas comparativas ao CPC/1973. 4. ed. rev., atual. e ampl. São Paulo: Editora Revista dos Tribunais, 2016. p. 285.

135 SOUZA, André Pagani. Do escrivão, do chefe de secretaria e do oficial de justiça. In: ALVIM, Angélica Arruda et al. (Coords). Comentários ao novo código de processo civil. São Paulo Paulo: Saraiva, 2016.

136 WAMBIER, Tereza Arruda Alvin *et. al. Primeiros comentários ao novo código de processo civil:* artigo por artigo. 2. ed. rev. atua. e ampl. São Paulo: Editora Revista dos Tribunais, 2016.

137 NEVES, Daniel Amorim Assumpção. *Novo Código de Processo Civil Comentado.* 2. ed. rev. e atual. Salvador: Ed. JusPodivm, 2017.

138 PAULA, Jonatas Luiz Moreira de. In: CUNHA, José Sebastião Fagundes (Coord.). *Código de Processo Civil comentado.* São Paulo: Revista dos Tribunais, 2016.

139 STRECK, Lenio Luiz; NUNES, Dierle; CUNHA, Leonardo Carneiro, 2016.

da realização do ato de comunicação, certificar no mandado a proposta de autocomposição apresentada pelo sujeito. Por certo que entra aí o importante papel de sugestionamento, que proativamente conduza a parte a voluntariamente oferecer a proposta, a qual dificilmente seria feira de maneira espontânea.[140]

Ainda, a Constituição Federal de 1988, diga-se, situada no ápice do sistema jurídico, em seu preâmbulo esclarece instituir o Estado Democrático comprometido socialmente com a "[...] solução pacífica das controvérsias", trazendo em seu corpo institutos que permitem que isso ocorra também no âmbito judicial.

Nesta perspectiva, o CPC/2015, por erigir ao processo um caráter democrático, alinhado à Constituição e às políticas jurídico-legislativas voltadas para o tratamento adequado dos conflitos, traz em seu bojo uma norma fundamental de conteúdo pragmático: primar que o Estado promoverá, sempre que possível, a solução consensual dos conflitos (art. 3º, §2º).

Para Fredie Didier[141] o referido dispositivo revela o "princípio do estímulo da solução por autocomposição".

Por essas razões, mostra-se adequado atribuir ao Oficial de Justiça o dever perseguir a solução consensual dos conflitos. Embora o CPC/2015 tenha silenciado quanto à obrigatoriedade do oficial de justiça estimular a autocomposição, diferentemente do que fez em relação aos juízes, advogados, defensores públicos e membros do Ministério Público, sob uma análise sistêmica, resta demonstrada a intenção do legislador em buscar a autocomposição em todo momento processual e através de todos os sujeitos do processo.

O *dever de estimular* a autocomposição não é uma atribuição explícita do art. 154 e sim implícita no art. 3º, §2º.

---

140  STRECK, Lenio Luiz; NUNES, Dierle; CUNHA, Leonardo Carneiro, 2016.

141  "Pode-se, inclusive, defender atualmente a existência de um princípio do estímulo da solução por autocomposição – obviamente para os casos em que ela é recomendável. Trata-se de um princípio que orienta toda a atividade estatal na solução dos conflitos jurídicos." Cf.: DIDIER JR., Fredie. *Curso de Direito Processual Civil*. 19. ed, ampliada. Salvador: Ed. Juspodivm, 2017. p. 306.

## O OFICIAL DE JUSTIÇA CONCILIADOR

Logo, não seria incorreto concluir que se a todos os órgãos da Justiça[142] compete o estímulo à resolução consensual dos conflitos, tal postura também se estende ao oficial de justiça, porque além de ser um auxiliar da Justiça (art. 135, CPC/2015), que age em nome e sob os interesses da Jurisdição, é *um agente estatal* investido por meio de concurso público, subordinado aos princípios da administração pública (CF/88, art. 37).

Esse entendimento pode ser corroborado com os ensinamentos de Nelson Nery Júnior:

> No CPC/1973, apenas do juiz tinha o estrito dever de promover e estimular a conciliação das partes. Todavia, esse dever, por imperativo ético, também se estende a todo e qualquer operador do direito envolvido em determinado feito. A solução deve ser o mais harmônica possível para todas as partes, e apenas em caso de grave desacordo deve ser depositada sobre os ombros do juiz – isso contribui para um maior grau de satisfação das partes e maior celeridade na distribuição da justiça.[143]

Resta nítido, pois, o propósito do CPC/2015 de estabelecer um processo democrático alinhado à Constituição e pautado na primazia da solução consensual dos conflitos. Para atender essa perspectiva, impensável a atuação de oficial de justiça que não seja proativa e com objetivo de estimular as partes à solução consensual dos conflitos.

Nesse horizonte, resgata-se parte da conclusão de artigo do ora autor, escrito em coautoria com seu orientador, e apresentado no CONPEDI em Zaragoza, Espanha:

> Por derradeiro, essa nova atribuição tem uma razão de existir, pois se o novo CPC incumbiu o oficial de justiça de certificar a proposta de

---

142 Neste sentido ainda está a determinação contida no parágrafo único do artigo 1º da Resolução nº 125 do CNJ determina: "aos órgãos judiciários incumbe, nos termos do art. 334 do Novo Código de Processo Civil combinado com o art. 27 da Lei de Mediação, antes da solução adjudicada mediante sentença, oferecer mecanismos de soluções de controvérsias, em especial os chamados meios consensuais, como a mediação e conciliação, bem assim prestar atendimento e orientação ao cidadão". Cf.: CONSELHO NACIONAL DE JUSTIÇA. Resolução nº 125, de 29.11.2010. Diponível em: < http://www.cnj.jus.br/busca-atos-adm?-documento=2579>. Acesso em 24 Abr. 2019.

143 NERY JR., Nelson; NERY, Rosa Maria de Andrade, 2015, p. 192.

autocomposição é porque pretende que elas venham à tona através desse servidor e que referida prática tenha aplicabilidade e eficácia. E, para que isso aconteça, é indispensável que o oficial seja proativo, inquira, sugestione e estimule as partes à solução consensual dos conflitos.[144]

O oficial de justiça, ao estimular o acordo e sugerir a solução para o litígio, estará fazendo as vezes de conciliador, funcionando neste caso como um "Conciliador Externo", sendo-lhe vedada a utilização de qualquer tipo de constrangimento ou intimidação para que a parte concilie, conforme prevê o §2º, do art. 165 do CPC.

Por outro lado são mais escassas as possiblidades do oficial de justiça fazer as vezes do mediador, isto porque além da mediação exigir um processo mais elaborado e caracterizado pelo restabelecimento da comunicação entre as partes (CPC, art. 165, §3º), e na maioria das vezes, esse servidor estará na presença de somente uma delas.

De qualquer forma, percebe-se que esse simples acréscimo às atribuições do oficial de justiça trouxe uma dimensão capaz de mudar toda sua atividade, capaz de lhe exigir um caráter mais operativo e dinâmico, estabelecendo-se um novo perfil para esse servidor. Daí a importância dos Tribunais promoverem a "[...] devida capacitação desses servidores com técnicas voltadas à conciliação, pois também exercerão uma das funções judicantes, o que no passado era privativa apenas aos magistrados, conciliadores, mediadores e árbitros judiciais."[145]

Embora o dispositivo em comento mencione que o oficial de justiça deva certificar a proposta de acordo nos atos de comunicação, parece plausível que ele a colha também nos demais atos de mera ciência ou de constrição.

Essa nova postura do oficial de justiça como conciliador externo faz inclusive repensar se as citações e as demais comunicações devem mesmo serem feitas pelo correio, considerando a perspectiva de perda de uma grande oportunidade de o processo ser extinto logo no início.

---

144 PRADO, Ricardo Tadeu Estanislau; ABREU, Pedro Manoel, 2018.

145 CARMO, Jonathan Porto Galdino de. A indispensabilidade da atividade do oficial de justiça para o novo Código de Processo Civil. 2015. Disponível em: <https://jus.com.br/artigos/42566/a-indispensabilidade-da-atividade-do-oficial-de-justica-para-o-novo-codigo-de-processo-civil>. Acesso em: 24 abr. 2019.

O OFICIAL DE JUSTIÇA CONCILIADOR

Nesse contexto, o oficial de justiça, como auxiliar do juízo, continua tendo o dever primário de cumprir as determinações judiciais contidas no mandado e, como agente estatal, passa a ter o dever secundário de estimular a autocomposição, sem jamais preterir suas demais atribuições, sob pena de responsabilização.

Fica demonstrado que a característica autocompositiva do CPC/2015, derivada da tendência ao estímulo das formas alternativas de solução dos conflitos, refletiu nas atribuições do oficial de justiça, de quem se passou a exigir uma atuação voltada à autocomposição.

# 4. ESTUDO DE CASO ACERCA DA APLICABILIDADE DO ART. 154, VI, CPC

## 1.  O CASO

Desde a aprovação da Lei 13.105/15, que instituiu o Novo Código de Processo Civil (CPC/2015), pouco se ouviu em relação às alterações afetar aos oficiais de justiça, exceto em relação ao significativo acréscimo em suas atribuições, consistente em determinar que fosse certificada no mandado a proposta de acordo formulada por uma das partes (CPC, art. 154, VI).

Mesmo após a entrada em vigor do CPC/2015 quase não se tinha notícia da ocorrência de certidões de oficiais de justiça contendo proposta de acordos. Não era possível afirmar se elas vinham ou não ocorrendo, ou se sua suposta ocorrência não estivesse ganhando relevo a ponto de repercutir no mundo jurídico.

Nesse contexto, surgiu a dúvida se a norma contida no art. 154, VI, CPC/2015, realmente tinha aplicabilidade e eficácia, nos moldes pretendidos pelo legislador.

Conforme analisado nos capítulos anteriores, o oficial de justiça pós CPC/2015 passou a exercer função *conciliadora* de extrema relevância frente aos conflitos e alinhada à tendência universal ao estímulo às formas consensuais de resolução de conflitos. Por isso a importância de realizar um estudo de caso voltado a aferir a aplicabilidade e eficácia da norma em comento, até porque a autocomposição abrevia os processos, põe fim ao litígio, contribui para o desafogo o Poder Judiciário e consequentemente otimiza o acesso à justiça.

O OFICIAL DE JUSTIÇA CONCILIADOR

Investigada a amplitude e dimensão teórica da norma contida no art. 154, VI, CPC, nos capítulos anteriores, resta então analisar qual a sua aplicabilidade nos Oficialatos do Poder Judiciário Catarinense e levantar hipótese(s) para otimização dessa aplicabilidade.

## 2.  DA METODOLOGIA

Para aferição da aplicabilidade da norma contida no art. 154, VI, CPC, seria necessário uma pesquisa de campo, tendo por objeto todos os oficialatos de justiça do Poder Judiciário Catarinense.

Após aferição dessa aplicabilidade, seria necessário escolher um oficialato paradigma para servir de laboratório e nele utilizar ferramenta metodológica para o levantamento de hipótese de otimização das proposta de acordo pelos oficiais de justiça. Neste caso, o oficialato escolhido foi o do Foro Distrital da Comarca da Capital, haja vista sua localização, o apoio dos magistrados daquela Comarca e por não possuir um número muito grande de oficiais de justiça.

Dessa forma, para aferir a aplicabilidade da norma contida no art. 154, VI, CPC, pelos oficiais de justiça, optou-se por um questionário,[146] utilizan-

---

146  O questionário é um importante e popular instrumento de coleta de dados para uma pesquisa social. Constitui-se de uma lista ordenada de perguntas que são encaminhadas para potenciais informantes, selecionados previamente. O questionário tem que ser respondido por escrito e, geralmente, sem a presença do pesquisador. Normalmente, os questionários são encaminhados pelo correio ou por um portador. Em um Estudo de Caso será aplicado pelo próprio pesquisador. Ultimamente, a Internet também tem sido um meio utilizado para esse fim. Trata-se de um conjunto ordenado e consistente de perguntas a respeito de variáveis e situações que se deseja medir ou descrever. É recomendável que quando do encaminhamento do questionário, sejam fornecidas explicações sobre o propósito da pesquisa, suas finalidades e, eventualmente, seus patrocinadores, tentando despertar o interesse do informante para que ele responda e devolva o questionário. Em pesquisas orientadas por um Estudo de Caso, a aplicação de questionário não é tão comum, visto que o trabalho de levantamento de dados e informações é realizado pelo próprio pesquisador, que, na maioria das vezes, opta por alternativas que possibilitem uma maior interação com os sujeitos da pesquisa. Obviamente, dependendo da situação, e evidentemente dos propósitos do estudo, o questionário poderá ser um dos instrumentos de coleta de dados e evidências. Cf.: MARTINS, Gilberto de Andrade. *Estudo de caso:* uma estratégia de pesquisa. 2. ed. reimpr. São Paulo: Atlas, 2008. p. 36.

do a plataforma do Google Forms, cujos formulários foram enviados por WhatsApp e por *e-mail* para todos os oficiais do Poder Judiciário Catarinense.

Essa pesquisa endereçada a todos os oficiais de justiça do Poder Judiciário de Santa Catarina e além de permitir visualizar um panorama geral acerca aplicação do art. 154, inciso VI, CPC, foi possível individualizar os dados por Comarca.

Os dados obtidos na pesquisa de campo endereçada a todos os oficialatos do PJSC, foram expostos aos oficiais de justiça do oficialato do Foro Distrital da Comarca da Capital, que após, reflexão, debates e utilizando método chamado pesquisa-ação,[147] levantaram hipótese de otimização das proposta.

## 3. DA PESQUISA ACERCA DA APLICABILIDADE DO INCISO VI, ART. 154 DO CPC/2015

Para precisar a aplicabilidade da norma contida no art. 154, VI, CPC, pelos oficiais de justiça optou-se por um questionário enviado por WhatsApp e por *e-mail* para todos os oficiais do Poder Judiciário Catarinense. Para tanto, foi realizado o planejamento da pesquisa, confeccionado as perguntas na plataforma Google Forms, realizado um pré-teste com alguns oficiais de justiça convidados. Após feitas a adequações foi confeccionado o questionário oficial.

O questionário recebeu o título de "Pesquisa endereçada aos oficias de justiça do Poder Judiciário de Santa Catarina para precisar os reflexos, eficácia e aplicabilidade das inovações do CPC/2015 em relação às suas

---

147 Segundo seu criador, Kurt Lewin, Pesquisa-Ação se constitui em um ciclo de análise, fato achado, concepção, planejamento, execução e mais fato achado ou avaliação. E então, uma repetição deste círculo inteiro de atividades, realmente uma espiral de tais círculos. No âmbito das organizações, é uma proposta de pesquisa mais aberta com características de diagnóstico e consultoria para clarear uma situação complexa e encaminhar possíveis ações, especialmente em situações insatisfatórias ou de crise. A realização de uma PA é facilitada nas organizações de cultura democrática, quando já existe o reconhecimento e participação de todos os grupos. Em um Estudo de Caso, a autorização dos responsáveis pela organização que pretende realizar a pesquisa, em tese, possibilita a condução de uma Pesquisa-Ação, mesmo que adaptada às circunstâncias de investigação de um caso. Entender a participação como algo que possa ser imposto é ingênuo e suspeito. Cf.: MARTINS, Gilberto de Andrade, 2008, p. 47-48.

O OFICIAL DE JUSTIÇA CONCILIADOR

atribuições"[148] e foi realizado entre os dias 28 de março de 2018 a 30 de abril de 2018, tendo o seguinte conteúdo:[149]

1. Qual a Comarca do participante? Possibilidade de 113 respostas de lotação;

2. Idade do participante? Possibilidade de 4 respostas: 18 – 29 anos; 30 – 39 anos; 40 – 49 anos; 50 anos ou mais;

3. Quanto tempo exerce a função de oficial de justiça? Possibilidade 5 respostas: Há menos de 5 anos; Entre 5 e 10 anos; Entre 10 e 15 anos; Entre 15 e 20 anos; há mais de 20 anos;

4. Qual a opinião do participante acerca da importância da conciliação e das demais formas consensuais de resolução de conflito? Possibilidade de 5 respostas utilizando a escala de importância:[150] 1 para pouco relevante e 5 para muito relevante;

5. Qual a importância do oficial de justiça na autocomposição do litígio e na pacificação dos conflitos? Com possibilidade de 5 respostas utilizando a escala de importância: 1 para pouco relevante e 5 para muito relevante;

---

148 PRADO, Ricardo Tadeu Estanislau. Pesquisa endereçada aos oficiais de justiça do Poder Judiciário de Santa Catarina para precisar os reflexos, eficácia e aplicabilidade das inovações do CPC/2015 em relação às suas atribuições. Realizada entre 28 mar. 2018 a 30 abr. 2018. Disponível em: <https://docs. google.com/forms/d/e/1FAIpQLSeY-m-hd2J_RxTAeUbCXS4BX_jXrcp90P-gUHba8qzM3T3Pmzw/viewanalytics>. Acesso em: 24 abr. 2019.

149 A pesquisa e a respectiva planilha geradas pela plataforma Google Forms compõe os Anexo I e II.

150 Escala de importância é uma variação da escala Likert e serve para classificar a importância de algum atributo. E a escala Likert, por sua vez, foi desenvolvida por Rensis Likert, no início dos anos 30. Trata-se de um enfoque muito utilizado nas investigações sociais. Consiste em um conjunto de itens apresentados em forma de afirmações, ante os quais se pede ao sujeito que externe sua reação, escolhendo um dos cinco ou sete pontos de uma escala. A cada ponto associa-se um valor numérico. Assim, o sujeito obtém uma pontuação para cada item, e o somatório desses valores (pontos) indicará sua atitude favorável, ou desfavorável, em relação ao objeto ou representação simbólica que está sendo medida. Cf.: MARTINS, Gilberto de Andrade, 2008, p. 41-45.

6. É atribuição do oficial de justiça estimular as partes à solução consensual dos conflitos. Possibilidade de 5 respostas utilizando a escala Likert:1 para discordo totalmente e 5 para concordo totalmente;

7. Sempre que o objeto da lide comportar transação, o oficial de justiça deve estimular as partes à composição amigável do litígio. Possibilidade de 5 respostas utilizando a escala Likert: 1 para discordo totalmente e 5 para concordo totalmente;

8. Desde a entrada em vigor do CPC/2015 (mar/2016), com qual frequência o participante certificou proposta de acordo na certidão do mandado? Possibilidade de 4 respostas: ainda não teve nenhum caso; raramente; frequentemente; muito frequente;

9. A maior divulgação do novo Código de Processo Civil para os oficiais de justiça pode contribuir para que eles consigam obter mais propostas de autocomposição, quando do cumprimento dos mandados. Possibilidade de 5 respostas utilizando a escala Likert: 1 para discordo totalmente e 5 para concordo totalmente;

10. A capacitação dos oficiais de justiça com cursos e ferramentas de conciliação pode contribuir para que eles consigam obter mais propostas de autocomposição, quando do cumprimento dos mandados. Possibilidade de 5 respostas utilizando a escala Likert: 1 para discordo totalmente e 5 para concordo totalmente;

11. O estímulo institucional pelo Poder Judiciário aos oficiais de justiça pode contribuir para que eles consigam obter mais propostas de autocomposição, quando do cumprimento dos mandados. Possibilidade de 5 respostas utilizando a escala Likert: 1 para discordo totalmente e 5 para concordo totalmente;

12. O excesso de mandados dificulta ao oficial de justiça dedicar-se a estimular às partes à autocomposição. Possibilidade de 5 respostas utilizando a escala Likert: 1 para discordo totalmente e 5 para concordo totalmente.

Num primeiro momento, o *link* para responder ao questionário foi encaminhado por *whatssapp* aos oficiais de justiça e, após autorização do Tribunal de Justiça de Santa Catarina, o link foi encaminhado ao e-mail institucional. Desse modo, todos os oficiais de justiça do Poder Judiciário de Santa Catarina puderam receber o convite com o *link* para participarem da pesquisa.

A pesquisa realizada teve carácter descritivo e exploratório.

O OFICIAL DE JUSTIÇA CONCILIADOR

### 3.1 DO RESULTADO DA PESQUISA NO ESTADO DE SANTA CATARINA

Atualmente, no Poder Judiciário de Santa Catarinense, existem 712 oficiais de justiça ativos – cargos providos –, dos quais 463 são ocupantes do cargo de Oficiais de Justiça e 249 ocupantes do Cargo de Oficial de Justiça Avaliador.[151] A distribuição dessa população por mesorregião fica melhor representada pela figura a seguir:

Figura 1 – População dos oficiais por messorregião, outubro de 2018

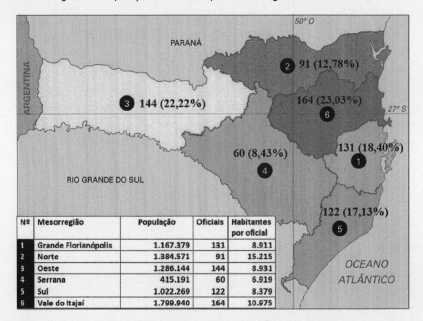

Fonte: TJSC/ Divisão de Provimento de cargos e IBGE.[152]

Das 113 possibilidades de lotação – Comarcas e Tribunal de Justiça –, houve participantes de 67 delas, representando índice de 59,29%. Os detalhes das lotações participantes é melhor exibido através da tabela a seguir:

---

151 Informações prestadas pelo Chefe da Divisão de Gestão de Cargos Diretoria de Gestão de Pessoas Tribunal de Justiça de Santa Catarina.

152 IBGE. Estimativa da população 2018. Disponível em: <https://sidra.ibge.gov.br/tabela/6579>. Acesso em: 24 abr. 2019.

Tabela 1 – Relação do número de participantes por lotações

| | Lotação | nº participantes | | Lotação | nº participantes |
|---|---|---|---|---|---|
| 1 | Anchieta | 1 | 34 | Ituporanga | 1 |
| 2 | Anita Garibaldi | 2 | 35 | Itá | 1 |
| 3 | Araranguá | 7 | 36 | Içara | 1 |
| 4 | Ascurra | 2 | 37 | Jaguaruna | 1 |
| 5 | Balneário Camboriú | 2 | 38 | Jaraguá do Sul | 2 |
| 6 | Biguaçu | 1 | 39 | Joaçaba | 2 |
| 7 | Blumenau | 4 | 40 | Joinville | 6 |
| 8 | Braço do Norte | 3 | 41 | Lages | 5 |
| 9 | Brusque | 4 | 42 | Laguna | 5 |
| 10 | Camboriú | 3 | 43 | Mafra | 1 |
| 11 | Campos Novos | 2 | 44 | Mondaí | 2 |
| 12 | Capinzal | 5 | 45 | Otacílio Costa | 1 |
| 13 | Capital Continente | 7 | 46 | Palhoça | 3 |
| 14 | Capital Central | 17 | 47 | Porto Belo | 1 |
| 15 | Capivari de Baixo | 3 | 48 | Rio do Campo | 1 |
| 16 | Catanduvas | 1 | 49 | São Bento do Sul | 1 |
| 17 | Caçador | 7 | 50 | São Carlos | 1 |
| 18 | Chapecó | 5 | 51 | São Domingos | 1 |
| 19 | Concórdia | 2 | 52 | São João Batista | 1 |
| 20 | Coronel Freitas | 2 | 53 | São José | 7 |
| 21 | Criciúma | 9 | 54 | São Lourenço Do Oeste | 1 |
| 22 | Cunha Porã | 2 | 55 | São Miguel Do Oeste | 3 |
| 23 | Curitibanos | 2 | 56 | Seara | 1 |
| 24 | Descanso | 2 | 58 | Sombrio | 5 |
| 25 | Forquilhinha | 2 | 59 | Taió | 3 |
| 26 | Garuva | 1 | 60 | Tangará | 1 |
| 27 | Gaspar | 2 | 61 | Timbó | 3 |
| 28 | Herval D'Oeste | 1 | 62 | Tribunal de Justiça | 3 |
| 29 | Imaruí | 1 | 63 | Trombudo Central | 1 |
| 30 | Indaial | 2 | 64 | Tubarão | 10 |
| 31 | Ipumirim | 1 | 65 | Turvo | 1 |
| 32 | Itajaí | 4 | 66 | Urubici | 1 |
| 33 | Itapiranga | 2 | 67 | Urussanga | 1 |

Fonte: Elaborado pelo autor.

## O OFICIAL DE JUSTIÇA CONCILIADOR

Do total de 712 oficiais de Justiça, 189 participaram da pesquisa, ou seja, o índice de participação no Estado foi de 26,54 %, sendo o maior na Região Sul com 40,16% e o menor na região Norte, com 12,09 %, conforme ilustra a figura 2 abaixo.

Figura 2 — Amostra por região, em março e abril de 2018

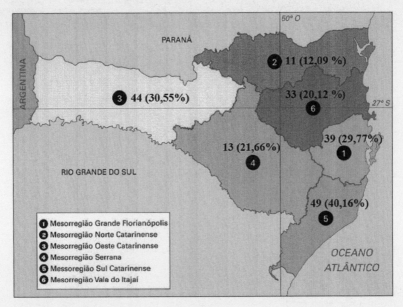

Fonte: Elaborado pelo autor.

Comparando-se a população dos oficiais por mesorregião (Figura 1) com a amostra por mesorregião (Figura 2), obtém-se a tabela 2 de representatividade:

Tabela 2 — Índices de representatividade da amostra e da população por mesorregião, em março e abril de 2018

| Mesorregião | % População total | % Participação |
| --- | --- | --- |
| Mesorregião 1 – Grande Florianópolis | 18,40% | 29,77% |
| Mesorregião 2 – Norte | 12,78% | 12,09% |
| Mesorregião 3 – Oeste | 22,22% | 30,55% |
| Mesorregião 4 – Serrana | 8,43% | 21,66% |
| Mesorregião 5 – Sul | 17,13% | 40,16% |
| Mesorregião 6 – Vale do Itajaí | 23,03% | 20,12% |

Fonte: Elaborado pelo autor.

Obteve-se significativo índice de representatividade da amostra em relação ao percentual dos oficiais lotados por mesorregião, assim como no Estado, cujo índice de representatividade foi de 26,54%. Esses índices se mostram significativos e, embora a pesquisa seja dotada de caráter descritivo e exploratório, poderá sugerir a situação fática relativa à aplicabilidade do art. 154, VI, CPC, no âmbito do PJSC.

Após a identificação da lotação, os participantes foram instados a responderem a sua faixa de idade e de tempo que exercem a função de Oficial de Justiça, cujas respostam ficam melhor demonstradas com os gráficos 3 e 4.

Gráfico 3 – Idade dos participantes – 2018

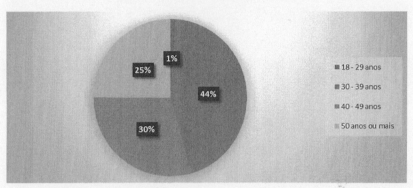

Fonte: Elaborado pelo autor.

Gráfico 4 – Tempo de exercício como oficial de justiça – 2018

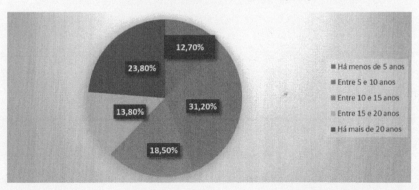

Fonte: Elaborado pelo autor.

Em relação à aplicabilidade do inciso VI, art. 154, CPC, tema central do presente estudo de caso, apurou-se que no Estado de Santa Catarina, desde a entrada em vigor do CPC/2015, 42% dos oficiais ainda não tinham certificado nenhuma proposta de autocomposição, 47 % raramente o faziam, 8,5% frequentemente e apenas 2,1 % de modo muito frequente, conforme gráfico 5 apresentado a seguir.

Gráfico 5 - Incidência das propostas de acordo no estado de Santa Catarina – 2018

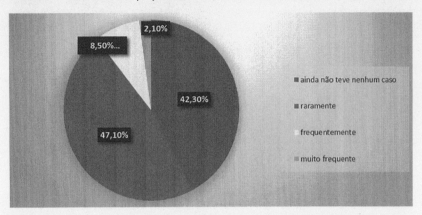

Fonte: Elaborado pelo autor.

Verificou-se que de todos os 189 oficiais participantes apenas 4 (2,10%) afirmaram que certificavam propostas de acordo de modo muito frequente. Essas séries de respostas são resgatas através da tabela 3 abaixo:

Tabela 3 – Séries com respostas "muito frequente" para incidência de acordos

| [...] | | | | | | | | | | | |
|---|---|---|---|---|---|---|---|---|---|---|---|
| 3/28/2018 23:25:54 | Capital - Foro Central | 40 - 49 anos | Há mais de 20 anos | 5 | 5 | 5 | 5 | muito frequente | 5 | 5 | 5 | 5 |
| 3/28/2018 23:26:10 | Capital - Foro Central | 40 - 49 anos | Há mais de 20 anos | 5 | 5 | 5 | 5 | muito frequente | 5 | 5 | 5 | 5 |
| [...] | | | | | | | | | | | |
| 3/30/2018 18:54:35 | Tribunal de Justiça | 40 - 49 anos | Entre 15 e 20 anos | 5 | 5 | 5 | 5 | muito frequente | 5 | 5 | 5 | 5 |
| [...] | | | | | | | | | | | |
| 4/5/2018 23:37:40 | Jaraguá do Sul | 30 - 39 anos | Entre 5 e 10 anos | 5 | 4 | 5 | 4 | muito frequente | 4 | 4 | 5 | 5 |

Fonte: Elaborado pelo autor.

Analisando mais detidamente essas quatro séries de respostas, percebe-se que há indícios de que esse resultado seja ainda mais pessimista. Isto porque que as duas primeiras séries (Capital – Foro Central) foram registradas em sequência, com mínima diferença de tempo e com as respostas idênticas, sugerindo duplicidade, ou seja, respondidas pelo mesmo participante.[153]

As outras duas séries da tabela foram recebidas com surpresa, porque naquelas lotações não era de se esperar um cenário favorável à frequência expressiva de obtenção de acordos pelos oficiais de justiça.

Isso porque pela competência e natureza do Tribunal de Justiça, via de regra, seus mandados estariam mais relacionados às causas em que sua competência é originária, às decisões de instâncias superiores, aos atos administrativos ou aos processos que julga em segunda instância. Todos ligados em sua maioria a direitos indisponíveis, o que impossibilita a obtenção de acordo.

Em relação à Comarca de Jaraguá do Sul, a surpresa foi porque ela sofre com número excessivo de mandados, superior à média do Estado, sendo esse fator, um óbice à obtenção de acordo, como será demonstrado mais adiante.

Em resumo, nessas duas últimas lotações citadas não era de se imaginar um cenário favorável à frequência muito grande de obtenção de acordos, por isso a recomendação de análise com reserva. Esse resultado positivo pode estar relacionado a algum fator não padrão, não identificado nessa pesquisa, ou ainda relacionado a uma característica personalíssima do oficial participante, que talvez possa não se refletir na manutenção desse índice específico, caso a pesquisa alcançasse a totalidade da população dos oficiais de justiça do PJSC.

Em relação ao percentual de participantes que responderam que certificavam a proposta de acordo e de modo frequente, o índice também se manteve baixo em todo o Estado e atingiu o patamar de 8,50%, que corresponde a 16 participantes de um total de 189. Isso demonstra percentual muito pequeno de oficiais de justiça que têm conseguido captar propostas de acordo, para então certificá-las no mandado.

---

153 Em toda a planilha do questionário não foi encontrada outras séries de respostas apresentadas em sequência com mesmo teor das respostas.

O OFICIAL DE JUSTIÇA CONCILIADOR

Para se ter uma visão panorâmica e mais detalhada, foram compilados os dados levantados na pesquisa[154] e individualizados por mesorregião, a fim de poder comparar com a média do Estado, obtendo-se o gráfico 6 que segue abaixo.

Gráfico 6 – Incidência de acordo nas mesorregiões e no estado – 2018[155]

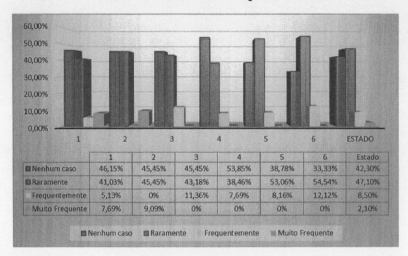

Fonte: Elaborado pelo autor.

Observa-se que em relação à resposta "frequentemente", nas mesorregiões identificou-se índices bem próximos da média geral do Estado, com exceção da região Norte, onde índice entre os participantes foi 0%.[156]

O gráfico apresenta considerável uniformidade entre as mesorregiões e o Estado de Santa Catarina, com exceção de duas respostas de incidência de proposta de acordo: "frequentemente" e "muito frequente", conforme observado e advertidas as razões de reserva.

Em relação às outras duas respostas "ainda não teve nenhum caso" e "raramente", referindo-se à frequência com que o participante havia certificado proposta de acordo após início da vigência do CPC/2015, os

---

154 Vide Anexo I.

155 Nota: Mesorregião 1: Grande Florianópolis; mesorregião 2: Norte; mesorregião 3: Oeste; mesorregião 4: Serrana; mesorregião 5: Sul e mesorregião 6: Vale do Itajaí.

156 Curiosamente a região Norte foi em contrapartida a que apresentou o maior percentual entre todas em relação a certificação de proposta de acordo de modo muito frequente com 9,09%.

dados demonstram que do total de 189 participantes 80 (42,30%) deles responderam que ainda não tinham certificado nenhuma proposta de acordo, enquanto 89 (47,10%) responderam que raramente o faziam.

Somando-se o percentual dos participantes que responderam que ainda não tinham certificado nenhuma proposta de acordo (42,30%) com o percentual daqueles que raramente o faziam (47,10%), fica evidenciado que praticamente 89,4 % dos participantes da pesquisa não têm recebido propostas de acordo para então certificá-las no mandado.

Observa-se que a pesquisa previa quatro possibilidades de respostas de incidências de propostas de acordo, que contemplava desde a situação em que ainda não tivesse certificado nenhum caso, raramente, frequentemente e até de modo muito frequente. Esse escalonamento permitiu a visão panorâmica da aplicabilidade do art. 154, VI, CPC, através dos dados que gráficos anteriores.

Porém, a pergunta de pesquisa do presente Estudo de Caso exige maior objetividade, pois se faz necessário aferir se o inciso VI, do art. 154, CPC, tem sido aplicado ou não. Para tanto, as quatro possibilidades de respostas de incidência de acordo foram condensadas em apenas duas hipóteses de incidências: "raros" e "frequentes", obtendo-se os dados que podem ser melhor visualizados através do gráfico 7.

Gráfico 7 – Incidência de acordo nas mesorregiões e no estado – 2018[157]

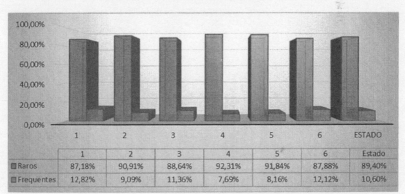

Fonte: Elaborado pelo autor.

---

157 Nota: Mesorregião 1: Grande Florianópolis; mesorregião 2: Norte; mesorregião 3: Oeste; mesorregião 4: Serrana; mesorregião 5: Sul e mesorregião 6: Vale do Itajaí.

O OFICIAL DE JUSTIÇA CONCILIADOR

A condensação dos dados nessas duas possibilidades de respostas resulta em um gráfico totalmente uniforme entre todas as mesorregiões e o Estado de Santa Catarina, apresentando variação máxima de 4,43% entre resultados "frequentes" e 5,14% entre os resultados "raros".

Demonstra-se a pouca incidência de aplicabilidade do artigo 154, VI, CPC, no âmbito do Poder Judiciário do Estado de Santa Catarina, pois pode-se dizer que praticamente 89,4 % ou 9 a cada 10 oficiais participantes da pesquisa não tinha recebido propostas de acordo para então certificá-las.

Essa constatação aponta para outro questionamento primordial e que constitui parte do objeto desse estudo de caso: Por que as propostas de acordo oferecidas aos oficiais de justiça têm sido tão raras?

A investigação da resposta dessa pergunta aponta para três enfoques e aspectos distintos que as causas da não ocorrência ou raridade dos acordos podem estar relacionadas, sendo eles:

- Fatores objetivos: quanto ao texto legal e à norma nele contida;

- Fatores subjetivos internos: quanto à consciência e conhecimento do executor da norma;

- Fatores subjetivos externos:quanto ao incentivo, suporte e condições para a execução da norma.[158]

Quanto aos fatores objetivos, ou seja, relacionados ao texto legal e à norma contida no art. 154, VI, CPC, a investigação se deu sob o aspecto teórico, dado seu caráter geral e sistêmico, cujo conteúdo foi esgotado nos capítulos iniciais. Quanto ao fatores subjetivos internos (consciência e conhecimento do executor da norma) e quanto aos fatores objetivos externos (incentivo, suporte e condições para a execução da norma), a investigação pode se dar tanto sob o aspecto teórico, quanto empírico, dado seu caráter específico e factual, sendo oportuna suas abordagens nesse tópico.

Por isso, em relação à consciência e conhecimento do executor da norma, as perguntas da pesquisa foram formuladas com vista a identificar o conhecimento de conteúdo e posicionamento pessoal de cada participante em relação à norma contida no art. 154, VI, CPC, e ainda como ele acredita que deve ser sua atuação frente a essa nova atribuição. Partiu-se de uma premissa maior (conciliação em geral) para uma menor (conciliação pelo oficial).

---

158 Essa classificação é originária do autor e foi criada com objetivo de tornar mais didático e compreensível a análise dos dados da amostra.

O primeiro ponto consistiu em identificar a opinião do participante acerca da importância da conciliação e das demais formas consensuais de resolução dos conflitos, revelando que 91,6% deles responderam como muito relevantes. Após, foram inquiridos acerca da importância do Oficial de Justiça na autocomposição do litígio e na pacificação dos conflitos, tendo 68,3 % respondido como muito relevantes. A seguir, foram instados a concordarem se é atribuição do Oficial de Justiça estimular as partes à solução consensual dos conflitos, tendo 64,6% concordado totalmente. E por último foram instados a concordarem se Oficial de Justiça deveria estimular as partes a composição amigável do litígio, sempre que o objeto da lide comportasse transação, tendo 63% concordado totalmente.[159]

Essas quatro questões podem ser melhor representadas pelo gráfico 8 abaixo.

Gráfico 8 – Fatores subjetivos internos – Estado.

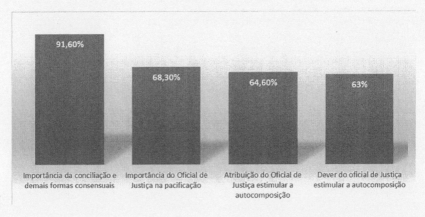

Fonte: Elaborado pelo autor.

As quatro questões representadas pelo gráfico número 8 demonstram que um percentual muito elevado de oficiais de justiça do Estado de Santa Catarina considera muito relevante a conciliação e as demais formas de solução consensual dos conflitos, porém esse percentual diminui gradativamente à medida em que as questões avançam para vincular o Oficial de Justiça à execução dessas práticas.

---

159 Está sendo considerada somente as respostas que apontaram o número 5 como índice máximo de "muito relevante" e "concordo totalmente".

## O OFICIAL DE JUSTIÇA CONCILIADOR

É como se o oficial de justiça reconhecesse a importância da conciliação e das demais formas consensuais de resolução de conflitos, mas não se visse tão responsável a fomentar e realizar essas práticas.

Esse cenário demonstra um oficial de justiça enrijecido, dissociado e afastado da figura do juiz, limitado a tão somente executar a ordem judicial e a não praticar nenhum ato voltado a pacificar as partes.

Isso remete à experiência dos jurisconsultos e pretores na Roma antiga, na transição da República para o Império.

Durante a República, os juízes eram denominados jurisconsultos e tinha ofício eminentemente declaratório, ao passo que os pretores – escolhidos pelo Senado – é que tinham poderes de império para cumprir essas ordens. Quando Otávio Augusto assumiu império, os pretores passaram a ter mais poderes e a exercer todas as funções dos jurisconsultos, decidindo e julgando ininterruptamente.

Nesse período, "[...] os protetores tornaram-se juízes mais poderosos, capazes de proferir todas as espécies de decisão de modo consideravelmente dinâmico, exatamente como prevê a atual classificação quinaria", como bem esclarece Horácio Wanderley Rodrigues e Eduardo Avelar Lamy,[160] e prossegue dizendo que os atuais juízes, após a evolução científica do Direito Processual, proferem decisões com a mesma eficácia dos juízes pretores faziam na época de Otávio Augusto, ou seja, a eficácia das sentença de hoje voltaram a ser a mesma da daquela época.

Esse parêntese para resgatar a história dos jurisconsultos e pretores serviu apenas para traçar uma analogia com os atuais juízes e oficiais de justiça, em relação à eficácia das decisões judiciais. Porém, com a adequada observação a qual não se pretende defender que oficial de justiça torne-se um juiz, mas apenas que possa fazer suas vezes de solucionar pacificamente os conflitos – revestindo-se com a prerrogativa conciliadora, e que isso reverterá no mesmo dinamismo alcançado pelos pretores na Roma antiga.

Prosseguindo, os dados da pesquisa sugerem a pouca aplicabilidade do art. 154, VI, CPC, relacionada aos fatores subjetivos internos do executor da norma, a saber: ausência de conscientização plena ou incerteza quanto à extensão da nova atribuição e quanto ao papel do Oficial de Justiça frente à tendência autocompositiva do CPC/2015.

Quanto aos fatores subjetivos externos (incentivo, suporte e condições para a execução da norma) os participantes foram instados a dizerem se

---

160  RODRIGUES, Horácio Wanderlei; LAMY, Eduardo Avelar, *2016*, p. 26-27.

discordam totalmente ou se concordam totalmente com 4 afirmações de fatores que poderiam contribuir ou prejudicar a obtenção de propostas de acordo. O primeiro foi a maior divulgação do novo Código de Processo Civil, sendo que 67% dos entrevistados concordaram totalmente. O segundo foi a capacitação dos oficiais de justiça com cursos e ferramentas de conciliação, sendo que 83,9% concordaram totalmente. O terceiro foi o estímulo institucional pelo Poder Judiciário, com esse quesito, 82% concordaram totalmente. O último foi o excesso de mandados, sendo que 96,8% concordaram totalmente que esse seria um fator prejudicial.[161]

Esse resultado pode ser melhor compreendido pelo gráfico 9 a seguir:

Gráfico 9 – Fatores subjetivos externos – Estado

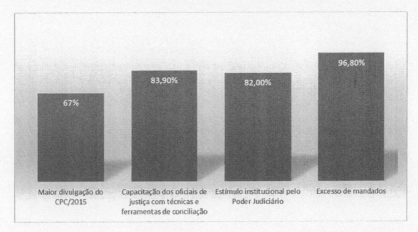

Fonte: Elaborado pelo autor.

Esses dados sugerem a necessidade de maior divulgação do CPC/2015, evidenciando que seu conteúdo em relação à autocomposição pelo Oficial de Justiça ainda não é de todo conhecido – neste ponto, esse fator também reflete nos fatores subjetivos internos, anteriormente analisados.

Com grande ênfase, também aponta para a necessidade de capacitação dos oficiais com técnicas e ferramentas de conciliação, evidenciando que talvez os oficiais de justiça ainda não se sintam totalmente aptos a executar a nova atribuição contida no art. 154, VI, CPC.

---

[161] Está sendo considerada somente as respostas que apontaram o número 5 como índice máximo de "concordo totalmente".

O OFICIAL DE JUSTIÇA CONCILIADOR

Apontam também para a necessidade de o Poder Judiciário estimular a autocomposição pelos oficiais de justiça, seja por meio da realização de cursos ou seminários, seja por gratificações, orientações por circulares, divulgação, entre outros.

Por último, com grande ênfase, a pesquisa apontou o excesso de mandados como um fator subjetivo externo que prejudica os oficiais a dedicarem maior tempo ao estímulo à autocomposição. Sob a análise desses fatores subjetivos internos e subjetivos externos, os resultados revelam um indício de ausência de conhecimento pleno dos participantes em relação à autocomposição pelo Oficial de Justiça e suposta insegurança quanto à forma de agir. Sugere, ainda, a necessidade de estímulo externo, seja com conscientização, capacitação, apoio, seja com suporte para operacionalizar essa nova atribuição.

## 3.2. DO RESULTADO DA PESQUISA NO OFICIALATO DE JUSTIÇA DO FORO DISTRITAL DA CAPITAL – CONTINENTE

Entendeu-se necessário individualizar para explorar as respostas da pesquisa no âmbito do oficialato do Foro Distrital da Comarca da Capital – Continente, até porque nele foi realizada a pesquisa-ação para levantamento das hipóteses de otimização.

O Foro Distrital da Comarca da Capital – Continente é composto por cinco Varas, das quais duas Varas Cíveis, uma Vara da Família, uma Vara do Juizado Especial Criminal e uma Vara do Juizado Especial Cível.

O Oficialato do Foro Distrital da Comarca da Capital – Continente é composto por 7 oficiais, sendo 4 oficiais de justiça e 3 oficiais de justiça e avaliadores. Doravante esse oficialato será simplesmente referido por "Oficialato do Estreito", em razão do Foro Distrital da Capital – Continente situar-se no Bairro Balneário do Estreito e ser conhecido na cidade por "Fórum do Estreito".

Em relação à aplicabilidade do inciso VI, art. 154, CPC, a pesquisa identificou que no Oficialato do Estreito, desde a entrada em vigor do CPC/2015, 71,42% dos oficiais ainda não tinham certificado nenhuma proposta de autocomposição, 14,29% raramente o faziam; 14,29% haviam certificado proposta de acordo com frequência e nenhum deles certificavam propostas de acordo de modo muito frequente.

O referido questionamento pode ser melhor ilustrado com o gráfico 10 abaixo.

Gráfico 10 – Incidência de propostas de acordo – Oficialato do Estreito - 2018

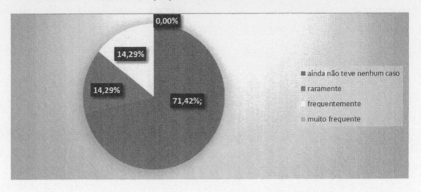

Fonte: Elaborado pelo autor.

Somando-se o percentual daqueles que responderam que ainda não tinham certificado nenhuma proposta de acordo (42,30%), com o percentual daqueles que raramente o faziam (47,10%), fica evidenciado que praticamente 85,71% dos oficiais de justiça não têm recebido propostas de acordo para então certificá-las no mandado. Essa média é bem próxima à do Estado, que consiste em 89,40%.

Comparando-se a situação do Oficialato do Estreito com os de média geral do Poder Judiciário do Estado de Santa Catarina, é gerado o gráfico 11 apresentado a seguir.

Gráfico 11 – Comparativo incidência de propostas de acordo: Oficialato do Estreito x Estado - 2018

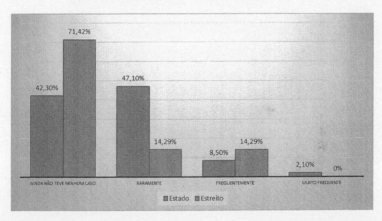

Fonte: Elaborado pelo autor.

O OFICIAL DE JUSTIÇA CONCILIADOR

Observa-se que a situação no Oficialato do Estreito revela certa uniformidade com a situação geral do PJSC no tocante à pouca incidência de propostas de acordos, demonstrando a pouca aplicabilidade do art. 154, VI, CPC/2015.

Quanto aos fatores subjetivos internos, aqueles relacionados à consciência e ao conhecimento do executor da norma, restrita a pesquisa aos oficiais do Oficialato do Estreito, identificou que 100% deles consideram muito relevantes a conciliação e as demais formas consensuais de resolução dos conflitos; 100% consideram muito relevante a importância do Oficial de Justiça na autocomposição do litígio e na pacificação dos conflitos; 71,40% concordaram totalmente ser atribuição do Oficial de Justiça estimular as partes à solução consensual dos conflitos; e, por último, 85,41% concordaram totalmente que sempre que o objeto da lide comportar transação o Oficial de Justiça deveria estimular as partes à composição amigável do litígio.[162]

Em relação aos fatores subjetivos, comparando-se os resultados do Oficialato do Estreito com o do Estado de Santa Catarina, obtém-se a seguinte representação ilustrada pelo gráfico 12.

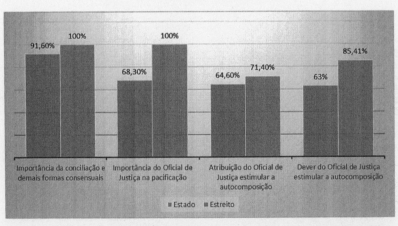

Gráfico 12 – Comparativo de fatores subjetivos internos – Oficialato do Estreito x Estado

Fonte: Elaborado pelo autor.

O gráfico acima demonstra que no Oficialato do Estreito, assim como nos demais Oficialatos do PJSC, há alto índice de convicção quanto à importância da conciliação e demais formas consensuais de solução de

---

162 Está sendo considerada somente as respostas que apontaram o número 5 como índice máximo de "muito relevante" e "concordo totalmente".

conflitos, porém esse índice é igualmente diminuído na medida em que essas práticas vão sendo vinculadas aos oficiais de justiça.

Embora os oficiais do Estreito se apresentassem mais adeptos que os demais oficiais do Estado em concordarem com a relevância da conciliação e demais formas consensuais de conflitos, como também em concordarem que o oficial de justiça deve estimular a proposta de acordo, a incidência desta também não ocorre, tal qual nos demais oficialatos do Estado.

Sob o viés dos fatores subjetivos externos (incentivo e condições para a execução da norma), a pesquisa previa quatro afirmações que consistiriam em fatores que poderiam contribuir ou prejudicar na obtenção de proposta de acordo, assim: 85,71% dos oficiais do Oficialato do Estreito concordaram totalmente que a maior divulgação do novo Código de Processo Civil para os oficiais de justiça seria um fator que poderia contribuir para obtenção de mais propostas; 85,71% concordaram totalmente que a capacitação dos oficiais de justiça com cursos e ferramentas de conciliação seria outro fator contributivo; 100% concordaram totalmente que o estímulo institucional pelo Poder Judiciário também seria um fator contributivo; 100% concordaram totalmente que o excesso de mandados seria um fator prejudicial. Revelou-se um resultado muito próximo do obtido a nível estadual, como pode ser observado no gráfico 13.[163]

Gráfico 13 – Comparativo de fatores subjetivos externos – Oficialato do Estreito x Estado

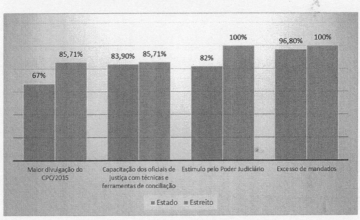

Fonte: Elaborado pelo autor.

---

163 Está sendo considerada somente as respostas que apontaram o número 5 como índice máximo de "concordo totalmente".

O OFICIAL DE JUSTIÇA CONCILIADOR

Esses dados sugerem:

a. a necessidade de maior divulgação do CPC/2015, evidenciando que seu conteúdo em relação à autocomposição pelos oficiais do oficialato do Estreito ainda não é de todo conhecido. Neste ponto esse fator também reflete nos fatores subjetivos internos, anteriormente analisados;

b. a necessidade de capacitação dos oficiais com técnicas e ferramentas de conciliação, evidenciando que talvez os oficiais de justiça do Oficialato do Estreito ainda não se sintam totalmente aptos a executar a nova atribuição contida no art. 154, VI, CPC;

c. a necessidade do Poder Judiciário estimular a autocomposição pelos oficiais de justiça, seja por meio da realização de cursos ou seminários, seja por gratificações, orientações por circulares, divulgação, etc.;

d. o excesso de mandados como um fator subjetivo externo que prejudica os oficiais a dedicarem mais tempo no estímulo à autocomposição.

Os dados referentes aos fatores subjetivos internos e externos obtidos na pesquisa não são dotados de inferência estatística, possuindo apenas caráter exploratório e sugestivo de alguns fatores que poderiam estar relacionados à pouca incidência dos acordos. Portanto, não esgotaram a investigação, que teve de ser aprofundada por intermédio da pesquisa-ação.

Porém, a pesquisa demonstrou pouca incidência de aplicabilidade do artigo 154, VI, CPC, entre os oficiais do Oficialato do Estreito. Conforme os dados levantados e compilados, é possível dizer que praticamente 85,71 % deles não têm recebido propostas de acordo para então certificá-las, ou seja, dos 7 oficiais, 5 ainda não tinham certificado nenhuma proposta de acordo, 2 raramente o faziam e apenas 1 certificava frequentemente.

## 4. DO LEVANTAMENTO DA HIPÓTESE

### 4.1 DA PESQUISA-AÇÃO NO OFICIALATO DO FORO DISTRITAL DO CONTINENTE

Após constatado em pesquisa de campo que na Comarca da Comarca da Capital – Continente, assim como nas demais Comarca do PJSC, as propostas de acordo feitas aos oficiais de justiça não vinham ocorrendo com grande incidência, necessário se fez levantar hipóteses para modificar essa realidade. Para tanto, optou-se pelo método chamado pesquisa-ação.

A Pesquisa-Ação (PA) consiste essencialmente em acoplar pesquisa e ação em um processo no qual os atores implicados participam, junto com o pesquisador, para chegarem interativamente a elucidar uma questão da realidade em que estão inseridos, identificando problemas coletivos, buscando e experimentando soluções em situação real. Simultaneamente, há produção e uso de conhecimento. Trata-se, pois, de uma estratégia de pesquisa que se adequa aos propósitos de um Estudo de Caso. [164]

Foi escolhida a pesquisa-ação por entender-se mais adequada ao caso ora estudado, porque esse método permite a participação ativa de todos os envolvidos do setor (Oficialato), os quais podem refletir sobre o problema e juntos proporem solução.

E, neste sentido, ensina Michel Thiollent:

Pesquisa-ação é um tipo de pesquisa social com base empírica que é concebida e realizada em estreita associação com uma ação ou com a resolução de um problema coletivo e no qual os pesquisadores e os participantes representativos da situação ou problema estão envolvidos de modo cooperativo ou participativo.[165]

Levando a efeito, no dia 17/05/2018, nas dependências do Oficialato de Justiça do Foro Distrital do Continente – Comarca da Capital, reuniram-se os 7 oficiais de justiça daquela Comarca: Fabrício Pereira Pacheco, Fernando Amorim Coelho, Lia Fernanda Roani, Luciano May Rengel, Márcio Fiuza e Rafael Hamilton Fernandes de Lima, juntamente com o oficial de justiça pesquisador. O intuito foi analisar os dados e resultados obtidos com a Pesquisa endereçada aos oficiais de justiça do Poder Judiciário de Santa Catarina, para precisar os reflexos, a eficácia e a aplicabilidade das inovações do CPC/2015 em relação às suas atribuições, e, a partir deles, utilizando-se do método de pesquisa-ação, apresentarem hipóteses objetivando melhorar a eficácia e a aplicabilidade do inciso VI, do art. 154 do CPC 2015.

---

164 MARTINS, Gilberto de Andrade. *Estudo de caso:* uma estratégia de pesquisa. 2. ed. reimpr. São Paulo: Atlas, 2008. p. 47.

165 THIOLLENT, Michel. *Pesquisa-ação nas organizações.* São Paulo: Atlas, 1997.

O OFICIAL DE JUSTIÇA CONCILIADOR

## 4.2   DO RESULTADO DA PESQUISA-AÇÃO

Após longo debate, os oficiais reunidos para pesquisa-ação chegaram à seguinte conclusão:

1. A mínima divulgação acerca do dispositivo em comento o faz parecer pouco importante e pouco relevante; 2. A falta de estímulo institucional para promoção de autocomposição pelo oficial de justiça faz parecer que essa atribuição não se alinha aos fins institucionais do Poder Judiciário; 3. A inovadora atribuição gera insegurança e dúvida quanto ao seu procedimento, sendo necessário um aprofundamento técnico da finalidade da norma; 4. Por ser uma atribuição jamais prevista aos oficiais de justiça, sua aplicação exige uma mudança de postura e mentalidade, sendo necessários balizadores técnicos e práticos para seu exercício; 5. A preocupação com os prazos dos mandados exigem que os oficiais reduzam o tempo dedicado às partes, o que dificulta estimular a autocomposição; 6. Para a obtenção das propostas de acordo é indispensável que o mandado contenha pelo menos o objeto da ação e o valor atualizado da causa ou que seja acompanhado da inicial e documentos relativos; 7. Levantadas essas impressões, entendeu-se que a hipótese mais adequada a ser testada para dar maior efetividade e aplicabilidade do art. 154,VI, CPC, seria a realização de um curso de capacitação de conciliador aos oficiais de justiça , com técnicas de conciliação e treinamento em audiência, associado a um curso teórico e prático de aprofundamento dessa nova atribuição, abordando seus fundamentos, a postura do oficial de justiça adequada a atender essa nova realidade e os procedimentos padrões a serem adotados. (Reunião Pesquisa-ação, juntada como Anexo III)

Percebe-se que a pesquisa-ação confirmou algumas hipóteses sugeridas a partir do resultado da pesquisa de campo endereçada aos oficiais de justiça do PJSC.

As constatações pelos oficiais de justiça participantes da pesquisa-ação de que a falta de divulgação do dispositivo contido no art. 154, VI, CPC, o faz parecer irrelevante (item 1), de que essa nova atribuição gera insegurança e dúvida quanto a procedimento, apontando, inclusive, a necessidade de conhecer melhor a norma ("aprofundamento técnico" – item 4), e ainda de que a nova atribuição exige uma mudança de postura e mentalidade e balizadores técnicos e práticos (item 4), confirma ainda a suspeita levantada na pesquisa anterior, acerca da ausência de conscientização plena e incerteza quanto à nova atribuição e o papel do Oficial de Justiça frente à tendência autocompositiva do CPC/2015, demonstrando que os participantes não estavam plenamente convictos de ser atribuição e ou dever do Oficial de Justiça estimular a autocomposição.

A constatação de que a falta de estímulo institucional do Poder Judiciário para a promoção da autocomposição faz parecer que o oficial de justiça não deva ser proativo na obtenção de acordo (item 2), associado também ao fato de que a falta de divulgação da norma contida no inciso 154, VI, CPC, a faz parecer irrelevante, confirma que esses também são fatores subjetivos externos que contribuem para que as propostas de autocomposição aos oficiais de justiça não ocorram com maior número e frequência.

Uma relevante constatação apurada na pesquisa-ação, que não foi possível precisar na pesquisa anterior, foi a afirmação de que para a obtenção de acordo se faz necessário que o mandado contenha informações acerca do objeto da lide e valor da causa (item 6), podendo-se apontar esse como um fator objetivo.

A sugestão da pesquisa de campo consistente em afirmar que o excesso de mandados pode prejudicar o oficial de justiça na obtenção de acordo foi confirmada na pesquisa-ação, visto que a preocupação com os prazos dos mandados acabam por reduzir o tempo dedicado às partes (item 6).

Ao final, os participantes da pesquisa-ação concluíram que um curso híbrido de atualização e capacitação, reunindo atribuições de conciliadores e de oficiais de justiça, com abordagem teórica e prática, seria a hipótese mais adequada, naquele momento, a permitir a maior incidência das propostas de acordo aos oficiais de justiça.

Percebe-se que referido curso de capacitação poderá ainda permitir uma nova 'roupagem' ou um novo perfil do oficial de justiça, mais consciente de seu papel frente aos conflitos e mais comprometido em fomentar a pacificação e estimular a solução consensual dos conflitos.

### 4.3 A HIPÓTESE LEVANTADA NA PESQUISA-AÇÃO À LUZ DA TENDÊNCIA AUTOCOMPOSITIVA DO CPC/2015

A hipótese levantada na pesquisa-ação consistente na realização de um curso de capacitação de conciliador aos oficiais de justiça, com técnicas de conciliação e treinamento em audiência, associado a um curso teórico e prático de aprofundamento da nova atribuição, abordando seus fundamentos, a postura do oficial de justiça adequada a atender essa nova realidade e os procedimentos padrões a serem adotados, contribuirá para explorar os fatores – objetivos, subjetivos internos e externos – que influenciam a obtenção de propostas.

O OFICIAL DE JUSTIÇA CONCILIADOR

Com vistas a aumentar o número de propostas de acordo, o referido curso de capacitação pode contribuir para transformar o oficial de justiça em um *conciliador externo*, *agente pacificador* ou um *facilitador* com uma atuação mais efetiva em relação à solução consensual conflitos, conforme o autor e Abreu sustentam no artigo já mencionado.[166]

Consoante analisado nos capítulos iniciais, as formas alternativas de solução de conflitos, dentre elas a solução consensual, são indiscutivelmente uma forte tendência da Justiça contemporânea. Aliás, o primeiro capítulo restou demonstrado que o Judiciário vive uma crise em razão de não conseguir assimilar a demanda, afetando seu funcionamento, sua credibilidade e até a economia do país. Uma das principais políticas para atenuar essa crise é a adoção e estímulo às formas alternativas de solução de conflitos, sendo inclusive apontada pelo Banco Mundial através do Relatório 32789 BR[167] e por vários autores, dentre eles André Gomma de Azevedo,[168] Cesar Peluzo,[169] e, de forma indireta, por Kazuo Watanabe, ao mencionar o problema gerado pela "cultura da sentença".[170]

Essa política de estímulo a formas alternativas de solução dos conflitos foi aderida pelo Judiciário brasileiro, tanto que o Conselho Nacional de Justiça a incluiu na Estratégia Nacional do Poder Judiciário 2015-2020 e a referiu como um dos "macrodesafios".[171] O PJSC, por sua vez, fez constar em seu Mapa Estratégico que um de seus desafios é "aprimorar práticas autocompositivas."[172]

---

166 PRADO, Ricardo Tadeu Estanislau; ABREU, Pedro Manoel, 2018.

167 BANCO MUNDIAL. Fazendo com que a justiça conte – medindo e aprimorando o desempenho do Judiciário no Brasil. Washington, DC, Relatório n°. 32789-BR, de 30/12/2004. Disponível em: <http://www.amb.com.br/docs/bancomundial.pdf>. Acesso em: 24 abr. 2019.

168 AZEVEDO, André Gomma, 2013.

169 PELUSO, Cezar, 2010.

170 WATANABE, Kazuo, 2008. p. 7.

171 CONSELHO NACIONAL DE JUSTIÇA. Estratégia Nacional do Poder Judiciário 2015-2020. Disponível em: <http://www.cnj.jus.br/gestao-e-planejamento/estrategia-nacional-do-poder-judiciario-2015-2020>. Acesso em: 24 abr. 2019.

172 SANTA CATARINA. Tribunal de Justiça de Santa Catarina. Mapa Estratégico PJSC: vigência 2015-2020. Disponível em: <https://www.tjsc.jus.br/web/gestao-estrategica/planejamento-estrategico-institucional/mapa-estrategico-2015-2020>. Acesso em: 24 abr. 2019.

Ademais, a Resolução número 125 do CNJ, que dispõe sobre a política Judiciária Nacional de tratamento adequado dos conflitos, prevê em seu artigo 2º, II, a "[...] adequada formação e treinamento de servidores, conciliadores e mediadores" diretriz para disseminação da cultura de pacificação. Já no artigo 7º, há a determinação para que os tribunais criem Núcleos Permanentes de Métodos Consensuais de Solução de conflitos, com atribuições, dentre outras, as previstas no inciso V, que consistem em "[...] incentivar ou promover a capacitação, treinamento e atualização permanente de magistrados, servidores, conciliadores e mediadores nos métodos consensuais de solução de conflitos."

Fica evidente que o norte seguido pelo Judiciário é o estímulo e incentivo à utilização de meios alternativos de resolução de conflitos. Nesse contexto, a hipótese levantada no presente estudo de caso, consistente em capacitar o Oficial de Justiça com técnicas e ferramentas de conciliação, mostra-se alinhada às políticas do Judiciário voltadas ao estímulo da solução consensual dos conflitos, com vistas a atenuar a crise.

Destaca-se ainda que ao estimular e certificar uma proposta de acordo, o oficial de justiça estará praticando um ato-fim da jurisdição (pacificação) e não ato-meio (comunicação e constrição), como tradicionalmente o fazia. Isso porque, havendo aceitação da parte contrária, o acordo poderá ser homologado e o processo poderá ser extinto antes mesmo de estabilizada a lide – caso a proposta tenha ocorrido por conta de citação – e consequentemente contribuir para desobstruir o Judiciário e otimizar a taxa de congestionamento.[173]

Também restou demonstrado que o acesso à justiça sofreu significativas modificações do seu conceito primário e ampliação até os dias atuais. Isto porque não mais se resume apenas como garantia de acesso e apreciação pelo Judiciário, sendo sua extensão bem mais ampla, pois visa garantir meios adequados de acesso, celeridades dos procedimentos, adequada resposta ao problema e efetividade do resultado.[174]

---

173 Taxa de Congestionamento: indicador que mede o percentual de casos que permaneceram pendentes de solução ao final do ano-base, em relação ao que tramitou (soma dos pendentes e dos baixados). Cf.: CONSELHO NACIONAL DE JUSTIÇA. Justiça em número 2018: ano-base 2017. Disponível em: <http://www.cnj.jus.br/files/conteudo/arquivo/2018/08/44b7368ec6f888b-383f6c3de40c32167.pdf>. Acesso em: 24 abr. 2019.

174 RODRIGUES, Horácio Wanderlei; LAMY, Eduardo de Avelar, 2016, p. 206.

O OFICIAL DE JUSTIÇA CONCILIADOR

O foco na efetividade fez com que a apreciação pelo Poder Judiciário fosse apenas um dos caminhos – e não o único – para se alcançar a justiça, de modo que as formas alternativas de solução dos conflitos passaram a ser fomentadas a partir dos estudos de Capelletti e Garth,[175] como política para contribuir para o efetivo acesso à justiça.

À luz da moderna teoria do conflito, aquele modelo processual tradicional consistente em impor às partes uma decisão judicial já não se mostra suficiente para garantir o efetivo acesso à justiça consistente na pacificação social, à medida que não atende às imensas variedades e peculiaridade dos conflitos submetidos à Jurisdição.

Dessa forma, a resolução salutar e positiva, a partir da compreensão da teoria moderna do conflito, exige diversos processos construtivos que o processo judicial tradicional é incapaz de fornecer, o que reforça a necessidade de adoção dos meios alternativos de resolução de conflitos, corroborando com essa tendência.

Por essas razões, a hipótese levantada na pesquisa-ação, consistente em curso de capacitação e dos oficiais de justiça com técnicas e ferramentas de conciliação se mostra alinhada também à teoria moderna do conflito e ao atual conceito e amplitude do acesso à justiça.

Destaca-se, ainda, que o oficial de justiça é a representação física do Judiciário nas ruas. Torná-lo um *conciliador externo* por meio de um curso de capacitação pode contribuir diretamente no efetivo acesso àqueles jurisdicionados que não dispõem de recursos ou que por ignorância não iriam procurar um advogado, como também se revela como uma forma democrática de participação no processo e de inclusão social.

Sob o ponto de vista histórico-funcional dos oficiais de justiça, demonstrado no terceiro capítulo, a atribuição consistente em certificar a proposta de acordo é inédita em toda sua existência, fato que por si justifica a capacitação desses servidores em razão dessa nova atribuição.

Outro importante apontamento é que o art. 154, VI, do CPC não mencionar de forma expressa se o oficial de justiça deve ser proativo no estímulo e obtenção do acordo, gerando dúvida aos executores do mandado, conforme bem apurado na pesquisa-ação.

Contudo, em uma análise sistêmica, tanto o CPC/2015 (artigo 3º) quanto à Constituição (preâmbulo) revelam respectivamente a primazia e o compromisso com a solução consensual e pacífica dos conflitos, sendo

---

175  CAPPELLETTI, Mauro; GARTH, Bryan, 1988, p. 31, 49 e 67.

coerente que o oficial de justiça também esteja alinhado a esses postulados, estimulando e buscando proativamente a solução consensual dos conflitos.

Pode-se dizer que o *estímulo* à autocomposição não está explícito no rol das atribuições do Oficial de Justiça (art. 154), mas sim implícito nas normas fundamentais do CPC (art. 3º, §2º).

Por esses e outros motivos debatidos no capítulo terceiro, fica evidente que o oficial de justiça deve ser proativo e estimular a proposta de acordo, demonstrando com isso o caráter autocompositivo da nova atribuição. Assim o fazendo, estará amparado pelo "[...] princípio do estímulo da solução por autocomposição."[176] Aliás, se para o conciliador atuar no processo é obrigatória sua capacitação em curso (CPC, art. 167, §1º), também seria coerente oferecer um curso de capacitação com técnicas e ferramentas de conciliação ao oficial de justiça, que na prática atuará como um *conciliador externo*.

A hipótese levantada na pesquisa-ação consistente em capacitar os oficiais de justiça com técnicas e ferramentas de conciliação se mostra adequada a atender os anseios do CPC/2015, relativos à sua tendência autocompositiva, às políticas do Poder Judiciário e às várias mudanças legislativas de fomento e estímulo às formas alternativas de solução de conflitos com vistas a atenuar a crise da jurisdição e garantir o efetivo acesso à justiça.

Não menos importante é a relevância pelo caráter empírico da hipótese levantada na pesquisa-ação, até porque foram as experiências que levaram o Judiciário a grandes avanços no Brasil e no mundo.

Como dito em capítulo anterior, no Brasil os juizados de pequenas causas surgiram a partir de uma experiência no Estado Rio Grande Sul em 1984, com a criação dos Conselhos de Conciliação, cujos resultados positivos inspiraram a criação em outros estados da federação.[177]

Também foi o experimento que levou a criação do método *pre-trial conferences*, em 1929, nos Estados Unidos, que consistiam em conferências prévias com as partes e seus advogados, mais como amigos do que juízes. Essa prática também levou à criação dos Juizados Especiais de Nova York, em 1934.[178]

---

176 "Pode-se, inclusive, defender atualmente a existência de um princípio do estímulo da solução por autocomposição – obviamente para os casos em que ela é recomendável. Trata-se de um princípio que orienta toda a atividade estatal na solução dos conflitos jurídicos." Cf.: DIDIER JR., Fredie, 2017, p. 306.

177 ABREU, Pedro Manoel, 2008, p. 185-186.

178 BACELLAR, Roberto Portugal. *Juizados especiais:* a nova mediação para-processual. São Paulo: Editora Revista dos Tribunais, 2003. p. 31.

O OFICIAL DE JUSTIÇA CONCILIADOR

Também o caráter empírico se mostrou importante para a institucionalização dos métodos alternativos nos Estados Unidos a partir do professor Frank Sender, com a apresentação dos Multidoor Courthouse (Fórum de Multiplas Portas).

Ainda sobre a importância das experiências no campo do Direito, Galeno Lacerda:

> A Inglaterra soube, cedo, suprir as necessidades práticas da vida sem abandono da tradição conservadora. Manteve, sim, o amparato das Cortes medievais, mas, de outro lado, popularizou a Justiça de modo admirável, pela criação empírica e consuetudionária de meios mais racionais e expeditos de solução da controvérsia. Os dados da estatística revelam-se impressionantes. Apenas quatro a cinco por cento das ações propostas perante os Tribunais Ingleses chegam à audiência de julgamento. A imensa maioria resolve perante o *máster*, na fase preliminar, na audiência da *summons for direction*. Esta fase, impropriamente dita preliminar, tem por fim, na realidade, não tanto a delimitação do material de conhecimento dos pedidos e das provas, o que habilita o máster, na maior parte dos casos, a proferir a sentença. Esta solução prática e eficiente se impõe, se se tiver em vista o custo elevadíssimo da fase final do processo. O enorme formalismo e os prejuízos reinantes nesta fase, especialmente no que concerne à produção da prova, tornam-na extremamente onerosa. A finalização do processo perante o máster atende, assim, não apenas a uma experiência prática, mas a uma necessidade real e imediata de economia. O processo em suas mãos adquire extraordinária maleabilidade muito maior do que a existente nos sistemas orais clássicos.[179]

Nesse contexto, demonstrou-se que a hipótese levantada na pesquisa-ação, consistente na realização de um curso de capacitação de conciliador aos oficiais de justiça, com técnicas de conciliação e treinamento em audiência, associado a um curso teórico e prático de aprofundamento da nova atribuição pode significar um relevante experimento alinhado à tendência autocompositiva do CPC/2015 e à tendência ao estímulo às formas alternativas de solução consensual dos conflitos, evidenciadas em todo o ordenamento jurídico.

---

179 LACERDA, Galeno. Dos Juizados de Pequenas Causas. *Revista da Associação dos Juízes do Rio Grande do Sul (Ajuris)*, Porto Alegre, v. 27, p. 7-10, 1983.
Sobre o tema ver: ABREU, Pedro Manoel, 2016. p. 166-167.

## 4.4 DA APLICAÇÃO DA HIPÓTESE LEVANTADA NA PESQUISA-AÇÃO

Embora a aplicação da hipótese levantada na pesquisa-ação não tenha composto o trabalho original, é oportuno registrar que ela foi aplicada entre os dias 19 junho a 12 julho 2018, em Florianópolis, ocasião em que os oficiais do Foro Distrital da Comarca da Capital receberam o primeiro curso do Brasil de capacitação de conciliadores para oficiais de justiça – caráter experimental –, oferecido pela Universidade Federal de Santa Catarina (UFSC) e ministrado pelo autor desta pesquisa, em conjunto com a conciliadora Nelcira Cassol Munareto.

O referido curso foi montado em vigorosa observância à Resolução nº 125 do CNJ, contendo carga horário de 60 (sessenta) horas e ementa com os seguintes temas: Do acesso à justiça; Da política pública de tratamento adequado dos conflitos; Do sistema dos Juizados Especiais; Do Conciliador; Da negociação; Da teoria e prática da Conciliação; Da teoria e prática do oficial de justiça pós CPC/2015.

Além da densa transmissão de conteúdo teórico, contou com a participação dos oficiais em audiências e aplicação das técnicas de conciliação e mediação na obtenção dos acordos – quando do cumprimento dos mandados. Também foi desenvolvido um passo-a-passo para a obtenção de acordo e um modelo padrão de certidão contendo propostas (anexos).

A realização do curso ganhou a atenção dos operadores do direito e da população em geral, sendo destaque em sites de notícias, matérias jornalísticas e entrevista em canal de televisão.

Após o curso, os oficiais participantes se disseram preparados e motivados a estimularem a autocomposição, porém, o resultado desse experimento ainda está sendo monitorado e por essa razão não compôs a presente publicação, sem prejuízo de vir a compor tese em estudo futuro.

# CONCLUSÃO

Para alcançar os resultados do presente Estudo de Caso foi necessário um resgate das instituições e institutos que dão azo e, onde ocorre, a tendência ao estímulo das formas alternativas de solução dos conflitos: Poder Judiciário, Acesso à Justiça, Moderna Teoria do conflito e legislação pertinente. Também foi feito um estudo pormenorizado das atribuições do cargo de Oficial de Justiça, segundo esse contexto.

Verificou-se que o aumento da sociedade e da complexidade dos seus conflitos, a evolução da norma, a ineficiência do Estado como um todo, aliados a uma cultura de litigiosidade, permitiu uma explosão de processos ao longo dos anos, incompatível com a capacidade assimilativa do Judiciário, redundando numa crise que afeta seu funcionamento, credibilidade e até a economia do país.

Esse cenário foi determinante para que o Judiciário buscasse cada vez mais fomentar e estimular a utilização de meios alternativos de resolução de conflitos, demonstrando claramente sua atual tendência, sendo esse o norte por ele seguido.

Por outro lado, o acesso à justiça sofreu significativas modificações conceituais, não mais se resumindo a uma garantia formal, mas instrumental e eficaz. O foco nessa efetividade criou a necessidade de implementação de políticas de melhorias na prestação jurisdicional e fez com que a apreciação pelo Judiciário fosse apenas um dos caminhos – e não o único. Isso porque o termo *justiça* ganhou amplitude e conotação de *pacificação*. Desse modo, as formas alternativas de solução dos conflitos passaram a ser fomentadas, a partir dos anos 70, como meios eficazes de obtenção de pacificação e, consequentemente, de acesso à justiça.

Para a moderna teoria do conflito, a resolução salutar e positiva do conflito exige diversos processos construtivos que o processo judicial tradicional é incapaz de fornecer, o que reforça a necessidade de adoção dos meios alternativos de resolução de conflitos, dando azo a essa tendência, que por sua vez também contribuiu para o surgimento de várias políticas jurídico-legislativas.

Como reflexo ao estímulo às formas alternativas de solução dos conflitos, o CPC/2015 institucionalizou a tendência autocompositiva ao prever, em suas normas fundamentais, a obrigação de o Estado promover, sempre que possível, a solução consensual dos conflitos (art. 3º, §2º). Para o Oficial de Justiça trouxe uma atribuição inédita – secundária – consistente em certificar no mandado a proposta de acordo feita pelas partes.

Conclui-se que a *ação proativa de estímulo* à autocomposição não está explícita no rol das atribuições do Oficial de Justiça (art. 154), mas sim implícita nas normas fundamentais do CPC (art. 3º, §2º).

Observa-se que essa nova atribuição tem uma razão de existir, pois se o novo CPC incumbiu o oficial de justiça de certificar a proposta de autocomposição é porque pretende que a referida prática tenha aplicabilidade e eficácia. Para tanto, é indispensável que o oficial seja proativo, inquira, sugestione e estimule as partes para a solução consensual dos conflitos, sendo essa a postura esperada desse servidor.

Contudo, realizada a pesquisa de campo, constatou-se que praticamente 89,4% ou 9 a cada 10 oficiais de justiça participantes do Estado não têm recebido propostas de acordo para então certificá-las no mandado, revelando com isso a pouca aplicabilidade do art. 154, VI, CPC/2015.

Tanto na Comarca Capital Continente, como no Estado, a pesquisa de campo revelou alto índice de convicção quanto à importância da conciliação e demais formas consensuais de solução de conflitos, porém esse índice diminui à medida em que as questões avançaram para vincular o Oficial de Justiça à execução dessas práticas. Revelou ainda que a maior divulgação do CPC/2015, o estímulo institucional e o oferecimento de um curso de capacitação são fatores que poderiam contribuir para o aumento das propostas, ao passo que o excesso de mandados é um fator prejudicial, pois impede ao oficial dedicar tempo às partes. Também sugeriu indício de ausência de conscientização plena e incerteza quanto à nova atribuição.

Para refletir sobre esses dados e a partir deles levantar hipótese de otimização da função conciliadora do Oficial de Justiça foi realizada a pesquisa-ação no Oficialato da Comarca da Capital – Continente. Ela demonstrou as seguintes constatações em relação aos fatores objetivos e subjetivos que possam influir na obtenção dos acordos: a falta de divulgação e de estímulo para execução da nova atribuição a faz parecer irrelevante; por ser uma atribuição inédita, exige uma mudança de mentalidade, causa insegurança e dúvida quanto à forma de executá-la; e a ausência de informações no mandado prejudica o oficial a contextualizar a lide e estimular a autocomposição.

Após as constatações, os participantes da pesquisa-ação sugeriram que a realização de curso híbrido de atualização e capacitação, juntando atribuições de Conciliadores e de Oficial de Justiça, com abordagem teórica e prática seria a hipótese mais adequada a permitir maior incidência das propostas de acordo.

Esse amplo trabalho permitiu alcançar as seguintes conclusões:

a.  o CPC/2015 prospectou o oficial de justiça como um conciliador externo, com o dever primário de cumprir as determinações judiciais e com o dever secundário de estimular a autocomposição, sendo esse o perfil condizente a atender a tendência autocompositiva do CPC/2015;

b.  o disposto no art. 154, VI, CPC/2015 tem pouca aplicabilidade aplicabilidade prática no PJSC. Não ocorre de forma satisfatória por praticamente 89,40% dos participantes do Estado e 85,71% dos participantes da Comarca da Capital – Continente;

c.  a ausência de conhecimento pleno em relação ao conteúdo e extensão da norma contida no art. 154, VI, CPC, gera dúvida e insegurança quanto à forma de agir e ainda, a falta de suporte e o excesso de mandados são fatores que podem influenciar na obtenção de acordo pelos oficiais de justiça;

d.  a realização de um curso de capacitação de conciliador aos oficiais de justiça, com técnicas de conciliação e treinamento em audiência, associado a um curso teórico e prático de aprofundamento dessa nova atribuição, abordando seus fundamentos, a postura do oficial de justiça adequada a atender essa nova realidade e os procedimentos padrões a serem adotados, é, por ora, a hipótese mais adequada e alinhada à tendência autocompositiva do CPC/2015, com vista a otimizar a obtenção de acordo pelos oficiais de justiça.

Paralelamente aos objetivos iniciais da pesquisa, o presente estudo permitiu identificar que se o Oficial de Justiça atuar como um conciliador externo – um agente pacificador – ele poderá trazer significativos ganhos à Jurisdição. Agindo dessa forma, esse servidor estará realizando

O OFICIAL DE JUSTIÇA CONCILIADOR

a atividade fim da Jurisdição (pacificação dos conflitos), contribuindo para que muitos processos sejam extintos no início – antes de estabilizada a lide – e sem a possibilidade de recurso, uma vez que as decisões emanarão das próprias partes.

Essa atribuição *conciliadora* poderá representar ganhos significativos nos processos de execução e nos cumprimentos de sentença, onde os ritos não preveem a obrigatoriedade de audiência conciliatória, sendo nesses casos de salutar importância a autuação proativa do oficial de justiça como um conciliador externo.

Outras duas reflexões emergem em relação aos fatores objetivos para a obtenção dos acordos:

1. não faz sentido que os mandados cheguem aos oficiais de justiça desacompanhados da inicial ou de documentos que indiquem pelo menos o objeto e valor da causa, pois são indispensáveis à contextualização da lide e à propositura do acordo;

2. a citação e as demais comunicações via correio podem representar a perda de uma grande oportunidade de coleta de propostas de acordo e consequentemente de extinção do processo logo no início, uma vez que os carteiros, via de regra, não dispõe de técnicas, habilidades persuasivas e conhecimento jurídico, indispensáveis para conciliar – características naturalmente desenvolvidas pelos oficiais de justiça no decorrer de carreira.

De qualquer forma, o CPC/2015 representa um grande avanço legislativo ao permitir ao Oficial de Justiça a realização de uma atividade fim da Jurisdição, consistente na pacificação dos conflitos, como também caracteriza um marco histórico, pois transforma esse servidor numa espécie de conciliador/pacificador externo. Porém, a perfectibilização dessa prática exige estímulo e adequada capacitação, por parte do Judiciário.

# REFERÊNCIAS

ABREU, Pedro Manoel. *Processo e Democracia:* o processo jurisdicional como locus da democracia participativa e da cidadania inclusiva no estado democrático de Direito. Conceito Editorial. São Paulo, 2011. v. 3.

ABREU, Pedro Manoel. *Acesso à Justiça e os juizados especiais:* o desafio histórico da consolidação de uma justiça cidadã no Brasil. Florianópolis: Conceito Editorial, 2008.

ABREU, Pedro Manoel. *Jurisdição e Processo:* desafios políticos do sistema de justiça na cena contemporânea. Florianópolis: Conceito Editorial, 2016.

ALVES, Eliana Calmon. A crise do Poder Judiciário. *Correio Braziliense*, Caderno Direito e Justiça, Brasília, n. 11310, p. 4-5, 18 abr. 1994.

AZEVEDO, André Gomma. Novos desafios de acesso à justiça: novas perspectiva decorrentes de novos processos de resolução de disputas. In: SILVA, Luciana Aboim Machado da (Org.). *Mediação de conflitos*. São Paulo: Atlas, 2013.

AZEVEDO, André Gomma. Desafios de Acesso à Justiça ante o Fortalecimento da Autocomposição como Politica Pública Nacional. In: RICHA, Morgana de Almeida; PELUSO, Antonio Cezar (Coords.). *Conciliação e mediação:* estruturação da política judiciária nacional. Rio de Janeiro: Forense, 2011.

BACELLAR, Luiz Ricardo Trindade. Solução de controvérsias pelas agências reguladores. *Revista de Direito Administrativo*, v. 236, p. 164-174, abr./jun. 2004.

BACELLAR, Roberto Portugal. *Juizados especiais:* a nova mediação paraprocessual. São Paulo: Editora Revista dos Tribunais, 2003.

BANCO MUNDIAL. Fazendo com que a justiça conte – medindo e aprimorando o desempenho do Judiciário no Brasil. Washington, DC, Relatório nº. 32789-BR, de 30/12/2004. Disponível em: <http://www.amb.com.br/docs/bancomundial.pdf>. Acesso em: 24 abr. 2019.

*BÍBLIA de estudo Plenitude para Jovens.* Barueri: Sociedade Bíblica do Brasil, 2008.

BOBBIO, Norberto. *Dicionário de política*. Tradução de Carmen C. Varriale *et al*; coordenador da tradução, João Ferreira; revisão geral, João Ferreira e Luis Guerreiro Pinto Cacais. Brasília: Editora Universidade de Brasília, 1998.

BÖETTCHER, Carlos Alexandre. *História da Magistratura:* o pretor no Direito Romano. São Paulo: LCTE Editora, 2011.

BOLZAN DE MORAIS, José Luis. As crises do Estado. In: BOLZAN DE MORAIS, José Luis (Org.). *O Estado e suas crises*. Porto Alegre: Livraria do Advogado, 2005.

BONFANTE, Pedro. *Instittuiciones de derecho romano*. Madrid: Instituto Editorial réus, 1959.

BRASIL. Constituição da República Federativa do Brasil de 1988.

BRASIL. Lei Complementar nº. 132 de 7 de outubro de 2009. Altera dispositivos da Lei Complementar nº 80 e dá outras providências. Disponível em: <http://www.planalto.gov.br/ccivil_03/leis/lcp/lcp132.htm>. Acesso em: 24 abr. 2019.

BRASIL. Lei nº. 13.105 de 16 de março de 2015. Código de Processo Civil. Disponível em: <http://www.planalto.gov.br/ccivil_03/_ato2015-2018/2015/lei/l13105.htm>. Acesso em: 24 abr. 2019.

BUZZI, Marco Aurélio Gastaldi. Movimento pela conciliação: um breve histórico. In: PELLUSO, E. *et al.* (Org.). *Conciliação e mediação:* estruturação da Política Judiciária Nacional. Rio de Janeiro: Forense, 2011.

CABRAL, Antônio do Passo; CRAMER, Ronaldo. *Comentários ao novo Código de Processo Civil*. 2. ed. rev. atual. e amp. Rio de Janeiro: Forense, 2016.

CÂMARA DOS DEPUTADOS. Emenda na Comissão nº 421 de 11 de novembro de 2011. Disponível em: <https://www.camara.leg.br/proposicoesWeb/prop_mostrarintegra?codteor=940564&filename=EMC+421/2011+PL602505+%-3D%3E+PL+8046/2010>. Acesso em: 24 abr. 2019.

CAPPELLETTI, Mauro; GARTH, Bryan. *Acesso à justiça*. Porto Alegre: Ed. Fabris, 1988.

CARMO, Jonathan Porto Galdino de. A indispensabilidade da atividade do oficial de justiça para o novo Código de Processo Civil. 2015. Disponível em: <https://jus.com.br/artigos/42566/a-indispensabilidade-da-atividade-do-oficial-de-justi-ca-para-o-novo-codigo-de-processo-civil>. Acesso em: 24 abr. 2019.

CARNEIRO, Paulo Cesar Pinheiro. *Acesso à justiça:* juizados especiais cíveis e ação civil pública: uma nova sistematização da teoria geral do processo. Rio de Janeiro: Forense, 1999.

CARVALHO, José Carlos Maldonado de. Mediação: aplicação no Brasil. Conferência proferida no 2º Congresso Brasileiro de Administração da Justiça. *R. CEJ*, Brasília, n. 17, abr./jun. 2002.

CARVALHO, Kildare Gonçalves. *Direito constitucional*. 11. ed., rev. e atual. Belo Horizonte: Del Rey, 2005.

CEDRO, Marcelo. *Oficial de Justiça na história*. Belo Horizonte: Del Rey, 2009.

CIALDINI, Robert. *As armas da persuasão*. Rio de Janeiro: Sextante, 2012.

CINTRA JR., Dyrceu de Aguiar. Reforma do Judiciário: não pode haver ilusão. *Estudos Avançados*, São Paulo, v. 18, n. 51, p. 169-180, ago. 2004. Disponível em: <https://www.revistas.usp.br/eav/article/view/10006/11578>. Acesso em: 24 abr. 2019.

CONSELHO NACIONAL DE JUSTIÇA; AZEVEDO, Andre Gomma de. (Org.). *Manual de Mediação Judicial*. 6. ed. Brasília: CNJ, 2016. Disponível em: <http://www.cnj.jus.br/files/conteudo/arquivo/2016/07/f247f5ce60df2774c59d6e2dd-dbfec54.pdf>. Acesso em: 24 abr. 2019.

CONSELHO NACIONAL DE JUSTIÇA. Estratégia Nacional do Poder Judiciário 2015-2020. Disponível em: <http://www.cnj.jus.br/gestao-e-planejamento/es-trategia-nacional-do-poder-judiciario-2015-2020>. Acesso em: 24 abr. 2019.

CONSELHO NACIONAL DE JUSTIÇA. Justiça em número 2018: ano-base 2017. Disponível em: <http://www.cnj.jus.br/files/conteudo/arquivo/2018/08/44b7368e-c6f888b383f6c3de40c32167.pdf>. Acesso em: 24 abr. 2019.

CONSELHO NACIONAL DE JUSTIÇA. Movimento da conciliação e mediação. 2006. Disponível em: <http://www.cnj.jus.br/programas-e-acoes/conciliacao-e--mediacao-portal-da-conciliacao/movimento-conciliacao-mediacao>. Acesso em: 24 abr. 2019.

CONSELHO NACIONAL DE JUSTIÇA. Os 100 maiores litigantes. 2011. Disponível em: <http://www.cnj.jus.br/images/pesquisas- judiciarias/pesqui-sa_100_maiores_litigantes.pdf>. Acesso em: 13 jan. 2018.

CONSELHO NACIONAL DE JUSTIÇA. Resolução nº 125, de 29.11. 2010. Diponível em: < http://www.cnj.jus.br/busca-atos-adm?documento=2579>. Acesso em 24 Abr. 2019.

DAKOLIAS, Maria; BANCO MUNDIAL. Documento Técnico nº. 319 do Banco Mundial. O Setor Judiciário na América Latina e no Caribe: elementos para uma Reforma. 1996. Disponível em: <https://www.anamatra.org.br/attachments/article/24400/00003439.pdf>. Acesso em: 24 abr. 2019.

DIDIER JR., Fredie. *Curso de Direito Processual Civil*. 19. ed, ampliada. Salvador: Ed. Juspodivm, 2017.

ENGELMANN, Wilson. A Crise Constitucional: a linguagem e os direitos humanos como condição de possibilidade para preservar o papel da Constituição no mundo globalizado. In: BOLZAN DE MORAIS, José Luis (Org.). *O Estado e suas crises*. Porto Alegre: Livraria do Advogado, 2005.

## O OFICIAL DE JUSTIÇA CONCILIADOR

ESPÍNDOLA, Angela Araujo da Silveira. A Crise Conceitual e a (re)construção interrompida da soberania: o fim do Estado Nação? In: BOLZAN DE MORAIS, José Luis (Org.). *O Estado e suas crises.* Porto Alegre: Livraria do Advogado, 2005.

FACCHINI NETO, Eugênio. O Judiciário no Mundo Contemporâneo. In: MOLINARO, Carlos Alberto *et al.* (Coords.). *Constituição, jurisdição e processo:* estudos em homenagem aos 55 anos da Revista Jurídica. Sapucaia do Sul: Notadez, 2007.

FALCÃO, Joaquim. Estratégias para a reforma do judiciário. In: RENAULT, Sérgio Rabello Tamm; BOTTINI, Pierpaolo (Coords.). *Reforma do judiciário.* São Paulo: Saraiva, 2005.

FEXEUS, Henrik. *A arte de ler mentes:* como interpretar e influenciar pessoas sem que elas percebam. Petropolis: Vozes, 2013.

FUX, Luiz. *Novo código de processo civil temático.* São Paulo: Editora Mackenzie, 2015.

HABERMAS, Jürgen. *Direito e democracia:* entre facticidade e validade. Tradução de Flávio Beno Siebeneichler. 2. ed. Rio de Janeiro: Tempo Brasileiro, 2003. v. II.

IBGE. Censo Demográfico, 2010. Disponível em: <https://www.ibge.gov.br/estatisticas/multidominio/ciencia-tecnologia-e-inovacao/9662-censo-demografico-2010.html?=&t=downloads>. Acesso em:24 abr. 2019.

IBGE. Estimativa da população 2018. Disponível em: <https://sidra.ibge.gov.br/tabela/6579>. Acesso em: 24 abr. 2019.

IMNHOF, Cristiano. *Novo código de processo civil comentado.* 2. ed. rev. aum. e atual. São Paulo: BookLaw, 2016.

LACERDA, Galeno. Dos Juizados de Pequenas Causas. *Revista da Associação dos Juízes do Rio Grande do Sul (Ajuris)*, Porto Alegre, v. 27, p. 7-10, 1983.

LEITE, Carlos Henrique Bezerra. *Direitos humanos.* 2.ed. Rio de Janeiro: Lumen Juris, 2011.

LUCAS, Doglas Cesar. A crise do Estado e o cenário da jurisdição desafiada. In: BOLZAN DE MORAIS, José Luis (Org.). *O Estado e suas crises.* Porto Alegre: Livraria do Advogado, 2005.

MARCELINO JUNIOR, Júlio Cesar. *Análise econômica do acesso à justiça*: a tragédia dos Custos e a Questão do Acesso Inautêntico. Rio de Janeiro: Lumens Juris, 2016.

MARTINS, Gilberto de Andrade. *Estudo de caso:* uma estratégia de pesquisa. 2. ed. reimpr. São Paulo: Atlas, 2008.

MEDINA, José Miguel. *Novo Código de Processo Civil comentado:* com remissões e notas comparativas ao CPC/1973. 4. ed. rev., atual. e ampl. São Paulo: Editora Revista dos Tribunais, 2016.

MENDES, Aluisio Gonçalves de Castro. O Poder Judiciário no Brasil. Versão escrita da conferência apresentada pelo autor no Colóquio Administración de justicia em Iberoamérica y sistemas judiciales comparados, realizado em outubro de 2005, na Cidade do México. Disponível em: <http://www.ajuferjes.org.br/PDF/Poderjudiciariobrasil.pdf>. Acesso em: 24 abr. 2019.

MITIDIERO, Daniel. Por uma Reforma da Justiça Civil no Brasil: um diálogo entre Mauro Cappelletti, Vittorio Denti, Ovídio Baptista e Luiz Guilherme Marinoni. *Revista de Processo*, v. 199, p. 83-99, 2011.

MOURA, Renata Bandeira de. Direito Hebraico Antigo. 2011. Disponível em: <http://www.ebah.com.br/content/ABAAAehXQAH/direito-hebraico-antigo>. Acesso em: 24 abr. 2019.

MUNIZ, Tânia Lobo. *Arbitragem no Brasil e a Lei 9.307/96*. Curitiba: Juruá, 2003.

NAME, Mario. *O templo de Salomão nos mistérios da maçonaria*. São Paulo: A Gazeta Maçônica, 1988.

NARY, Gerges. *Oficial de Justiça*: teoria e prática. São Paulo: Universitária de Direito, 1985.

NEQUETE, Lenine. *O Poder Judiciário no Brasil*: crônica dos tempos coloniais. Brasília: Supremo Tribunal Federal, 2000. v.1.

NERY JÚNIOR, Nelson; NERY, Rosa Maria de Andrade. *Comentários ao Código de Processo Civil*. São Paulo: Revista dos Tribunais, 2015.

NEVES, Daniel Amorim Assumpção. *Novo Código de Processo Civil Comentado*. 2. ed. rev. e atual. Salvador: Ed. JusPodivm, 2017.

NUNES, Marcelo Guedes. *Jurimetria*: como a estatística pode reinventar o Direito. São Paulo: Editora Revista dos Tribunais, 2016.

PAULA, Jonatas Luiz Moreira de. In: CUNHA, José Sebastião Fagundes (Coord.). *Código de Processo Civil comentado*. São Paulo: Revista dos Tribunais, 2016.

PELUSO, Cezar. Especial, discursos de posse. *Tribuna da Magistratura*, ano XIX, n. 189, maio 2010. Disponível em: <http://www.stf.jus.br/arquivo/cms/noticia-NoticiaStf/anexo/discursoPeluso.pdf>. Acesso em: 8 abr. 2017.

PINHEIRO, Armando Castelar (Org.). O Judiciário e a economia do Brasil. Rio de Janeiro: Centro Edelstein de Pesquisas Sociais, 2009. Disponível em: <http://books.scielo.org/id/zz9q9/pdf/castelar-9788579820199-00.pdf>. Acesso em: 24 abr. 2019.

PIRES, Leonel Baldasso. *Oficial de Justiça*: princípios e prática. Porto Alegre: Livraria do Advogado, 2001.

PONCIANO, Vera Lúcia Feil. *Reforma do Poder Judiciário*: limites e desafios. 2009. Dissertação (Mestrado em Direito Econômico e Socioambiental) – Pontifícia Universidade Católica do Paraná, Curitiba. Disponível em: <http://www.egov.

## O OFICIAL DE JUSTIÇA CONCILIADOR

ufsc.br/portal/sites/default/files/ponciano_vera_lucia_feil._reforma_do_poder_judiciario_limites_e_desafios.pdf>. Acesso em: 24 abr. 2019.

PRADO, Ricardo Tadeu Estanislau; ABREU, Pedro Manoel. O Oficial de Justiça como Conciliador Externo: o perfil adequado a atender a tendência autocompositiva do Novo Código de Processo Civil e as políticas jurídico-legislativas de tratamento adequado dos conflitos. In: VIII Encontro internacional do CONPEDI, 8, set. 2018, Zaragoza, Espanha.

PRADO, Ricardo Tadeu Estanislau. Pesquisa endereçada aos oficiais de justiça do Poder Judiciário de Santa Catarina para precisar os reflexos, eficácia e aplicabilidade das inovações do CPC/2015 em relação às suas atribuições. Realizada entre 28 mar. 2018 a 30 abr. 2018. Disponível em: <https://docs.google.com/forms/d/e/1FAIpQLSeY-m-hd2J_RxTAeUbCXS4BX_jXrcp90PgUHba8qzM3T3Pmzw/viewanalytics>. Acesso em: 24 abr. 2019.

RIBEIRO, Fabiano Colusso. *Acesso à Justiça e Desjudicialização*: reflexões sobre a viabilidade da desjudicialização da Execução Civil. 254 f. Dissertação (Mestrado em Direito) –Pós-Graduação em Direito da Universidade do Vale do Itajaí, Itajaí, 2018.

RODRIGUES, Horácio Wanderlei. *Acesso à Justiça no Direito Processual brasileiro*. São Paulo: Editora Acadêmica, 1994.

RODRIGUES, Horácio Wanderlei; LAMY, Eduardo de Avelar. *Teoria Geral do Processo*. 4. ed. rev., atual. e ampl. São Paulo: Atlas, 2016.

RODRIGUES, Horácio Wanderlei; LAMY, Eduardo de Avelar. *Teoria Geral do Processo*. 4. ed. rev., atual. e ampl. São Paulo: Atlas, 2016.

SADEK, Maria Tereza; ARANTES, Rogério Bastos. A crise o judiciário e a visão dos juízes. *Revista USP*, São Paulo, n. 21, 1994.

SANTA CATARINA. Tribunal de Justiça de Santa Catarina. Mapa Estratégico PJSC: vigência 2015-2020. Disponível em: <https://www.tjsc.jus.br/web/gestao--estrategica/planejamento-estrategico-institucional/mapa-estrategico-2015-2020>. Acesso em: 24 abr. 2019.

SANTOS, Boaventura de Sousa. Os tribunais nas sociedades contemporâneas. *Revista Brasileira de Ciências Sociais*, v. 11, n. 30, fev. 1996.

SENDADO FEDERAL. Projeto de Lei do Senado n° 166, de 2010. Disponível em: <https://www25.senado.leg.br/web/atividade/materias/-/materia/97249>. Acesso em: 24 abr. 2019.SILVA, Ovídio Araújo Baptista. *Processo e Ideologia*: o paradigma racionalista. 2. ed. Rio de Janeiro: Forense, 2006.

SILVA, Silas José da. Novas atribuições do oficial de justiça no CPC/2015. 2016. Disponível em: <https://jus.com.br/artigos/47298/novas-atribuicoes-do-oficial--de-justica-no-cpc-2015>. Acesso em: 24 abr. 2019.

SOUZA, André Pagani. Do escrivão, do chefe de secretaria e do oficial de justiça. In: ALVIM, Angélica Arruda *et al.* (Coords). *Comentários ao novo código de processo civil.* São Paulo Paulo: Saraiva, 2016.

SPENGLER, Fabiana Marion. *O Estado-jurisdição em crise e a instituição do consenso:* por uma outra cultura no tratamento de conflitos. 453 f. Tese (Doutorado em Direito) – Programa de Pós-graduação em Direito da Universidade do Vale dos Sinos, São Leopoldo, 2007.

STRECK, Lenio Luiz. *Hermenêutica jurídica em crise.* 11. ed. Porto Alegre: Livraria do Advogado, 2014.

STRECK, Lenio Luiz; NUNES, Dierle; CUNHA, Leonardo Carneiro. *Comentários ao código de processo civil.* São Paulo: Saraiva, 2016.

THIOLLENT, Michel. *Pesquisa-ação nas organizações.* São Paulo: Atlas, 1997.

TRENTIN, Taise Rabelo Dutra; TRENTIN, Sandro Seixas. A crise da jurisdição: a mediação como alternativa de acesso à justiça para o tratamento dos conflitos. *Âmbito Jurídico,* Rio Grande, ano XIII, n. 83, dez. 2010. Disponível em: <http://www.ambitojuridico.com.br/site/index.php?n_link=revista_artigos_leitura&artigo_id=8660>. Acesso em: 24 abr. 2019.

VAZ, Paulo Afonso Brum. *Juizado Especial Federal:* contributo para um modelo democrático de justiça conciliativa. Brasília: Conselho da Justiça Federal; Centro dos Estudos Judiciários, 2016. v. 21. (Série monografias do CEJ)

VEADO, Carlos Weber ad-Vícula. *Oficial de Justiça e sua Função nos Juízos Cível e Criminal.* Leme: Editora de Direito, 1997.

VELLOSO, Carlos. O Supremo Tribunal de Justiça do Império e Supremo Tribunal Federal Republicano. Discurso em comemoração da Suprema Corte. Notícias do STF. Brasília, 2003. Disponível em: <http://www.stf.jus.br/portal/cms/verNoticiaDetalhe.asp?idConteudo=61310>. Acesso em: 24 abr. 2019.

WAMBIER, Tereza Arruda Alvin *et. al. Primeiros comentários ao novo código de processo civil:* artigo por artigo. 2. ed. rev. atua. e ampl. São Paulo: Editora Revista dos Tribunais, 2016.

WATANABE, Kazuo. *Juizado Especial de pequenas causas:* Lei n. 7.244, de 7 de novembro de 1984. São Paulo: Revista dos Tribunais, 1985.

WATANABE, Kazuo. A mentalidade e os meios alternativos de Solução de Conflitos no Brasil. In: GRINOVER, Ada Pelegrini *et al.* (Coord.). *Mediação e gerenciamento do processo:* revolução na prestação jurisdicional: guia prático para a instalação do setor de conciliação e mediação. 2. reimpr. São Paulo: Atlas, 2008.

# ANEXO I – PASSO-A-PASSO PARA A OBTENÇÃO DE PROPOSTA DE ACORDO

Para exercer a função de oficial de justiça com perfeição é necessário desenvolver algumas características, sem quais a sua prática poderá ser penosa e com grande probabilidade acometimentos de erros.

Por isso o oficial de justiça deve ser dedicado, discreto, enérgico, cooperador, estável emocionalmente, pontual, prudente, responsável, honesto e sigiloso. E, com a nova atribuição *conciliadora*, proveniente do CPC/2015, espera-se também que possua espírito pacificador.

Por sua vez, o conciliador deve agir como um educador no processo de conciliação e como um condutor das regras que deverão ser empregadas. Para tanto, deve ser pontual, imparcial, empático, desenvolver liderança, usar linguagem assertiva, interpretar a linguagem corporal, decifrar mensagens subliminares e conflitos internos ocultos – conflitos por trás do conflito – e dominar o *rapport*.[180]

Observa-se que as habilidades do conciliador tendem a ser mais sensoriais que as do oficial de justiça. Contudo, as referidas funções se interligaram com o CPC/2015, que deu origem ao *Oficial de Justiça Conciliador*, do qual se espera o desenvolvimento de habilidades mecânicas, sensoriais e cognitivas, com vista a possibilitar identificar o conflito por trás do conflito e contribuir com a pacificação social, através da utilização das técnicas adequadas.

Neste sentido, recomenda-se ao oficial de justiça conciliador a busca por conhecimento de linguagem corporal, programação neuro-linguística, comunicação não violenta, etc. Porém, a fim de simplificar o exercício do Oficial de Justiça conciliador é que foi elaborado, durante o primeiro curso do Brasil de capacitação de conciliador para oficiais de justiça, realizado pela Universidade Federal Santa Catarina (UFSC), um roteiro prático e didático para a obtenção de acordo, composto por 10 etapas.

## I – VERIFICAÇÃO

### 1º PASSO: VERIFICAÇÃO

Lembre-se que o estímulo à autocomposição é uma atribuição secundária, que somente deverá ser executada após a verificação de ter sido cumpridas ou esgotados os meios de cumprimento das atribuições primárias, entendendo essas como as ordens contidas no corpo do mandado.

---

180 *Rapport* é um conceito do ramo da psicologia que consiste numa técnica usada para criar uma ligação de sintonia e empatia com outra pessoa, criando um sincronismo entre elas.

O OFICIAL DE JUSTIÇA CONCILIADOR

Recomenda-se que a execução da atribuição secundária não venha a preterir a execução das atribuições primárias. Até porque a intenção de oferecimento de proposta não poder servir obstáculo ao cumprimento das atribuições primárias e também não poderá prejudicar o "[...] andamento regular do processo", conforme o parágrafo único do art. 154 CPC.

Dessa forma, o primeiro passo é a verificação do cumprimento ou o esgotados os meios de cumprimento das atribuições primárias.

## 2º PASSO: INQUIRIÇÃO INICIAL

O segundo passo consiste em iniciar perguntas sutis acerca da possibilidade de acordo, com finalidade de direcionar o foco ao jurisdicionado e à sua responsabilidade com a solução consensual do litígio. Isso porque, até esse momento, o foco está no oficial de justiça que executa e explica atos de atribuição primária. A partir das perguntas o foco recai ao jurisdicionado.

O objetivo dessas perguntas não é a obtenção imediata de proposta de autocomposição, mas sim iniciar a *reflexão* sobre o término do litígio.

Por isso as perguntas iniciais devem ser isentas, não pretenciosas, sutis e seguir uma sequência lógica, de a primeira resposta seja mais reflexiva e que a última. Por exemplo:

- "O senhor já pensou fazer um acordo para resolver isso?";
- "O senhor já tentou fazer um acordo com o autor?";
- "O senhor quer resolver esse processo?".

Observa-se que se a primeira pergunta for objetiva do tipo "você quer fazer um proposta de acordo?", a resposta negativa poderá ser automática e não induzir o jurisdicionado à reflexão acerca do autocomposição, dificultando o oficial a prosseguir no assunto.

Portanto, lembre-se da sequência: *pensou, tentou e quer*. Porque mais que a primeira resposta seja negativa, a evolução das perguntas pode colocar o jurisdicionado em situação de assumir o *compromisso* de querer resolver o litígio, passando-se a ser *coerente* em manter o compromisso assumido.[181]

---

181 A coerência é uma característica desejável pelo ser humano, logo o compromisso é uma poderosa arma de persuasão, pois "uma vez tomada uma posição, existe um tendência natural a nos comportarmos de maneira que são obstinadamente coerentes com ela." Cf.: CIALDINI, Robert, 2012, p. 76.

## 3º PASSO: AUDIÇÃO ANALÍTICA

Essa etapa consiste em ouvir atentamente e sem pressa as respostas do jurisdicionado, pois é o momento de análise de suas intenções e descobrir se ele está predisposto a acordar ou a litigar, como também gerar empatia.[182] É o passo mais importante na obtenção da proposta, por isso deixe a mente livre e concentre-se unicamente nas respostas do jurisdicionado. *Não fale imediatamente* após ele responder, sempre dê um tempo de pausa. Preste a atenção com o olhar fixo, transmitindo a mensagem oculta: pode continuar falando que estou te ouvindo.

Muitas vezes o jurisdicionado dará desculpas esfarrapadas para não resolver o litígio. A calma e espera atenta do Oficial de Justiça Conciliador, que permanecerá em absoluto silêncio neste momento, poderá impulsionar o jurisdicionado a ser mais convincente, pois estará diante de uma autoridade que lhe inqueriu. Essa situação vai provocar nele a necessidade de buscar argumentos plausíveis para não resolver o litígio e, não os encontrando, poderá começar a refletir acerca da autocomposição.

Pode ser que o jurisdicionado não tenha pensado na solução pacífica com tanta profundidade e aí entra o diferencial do oficial de justiça conciliador, que deverá provocar essa reflexão. Se o jurisdicionado continuar lançando argumentando aleatórios é sinal de que ele não tenha segurança e certeza de seus argumentos, então deixe-o falar, pois dado momento ele poderá admitir internamente que contribuiu para o conflito ou para a lide ou para o processo e convencer-se que é melhor buscar uma solução pacífica para o litígio.

Destaca-se que durante a audição analítica é muito importante a posição corporal do oficial justiça conciliador. Posicione-se em frente ao jurisdicionado e, de forma discreta, procure a imitar a expressão corporal dele – espelhamento. Se após um tempo *imitando*, ele começar também involuntariamente *imitar* os seus movimentos ou descruzar os braços exibir a palma da mão, é porque ele está saindo da defensiva e confiando em você, abrindo portas para suas sugestões.[183]

---

182 Estabelecer um relação empática com jurisdicionado é indispensável para obter proposta de acordo. Até porque, "[...] ao estabelecer empatia, estamos gerando um relacionamento de confiança mútua, consentimento, cooperação e abertura às ideias do outro". Cf.: FEXEUS, Henrik. *A arte de ler mentes:* como interpretar e influenciar pessoas sem que elas percebam. Petropolis: Vozes, 2013. p. 15.

183 O ser humano tem uma tendência a gostar de pessoas que lhe seja semelhante, portanto imitar a expressão corporal, o estado de espirito e o estilo verbal pode ensejar afeição capaz de persuadir. Cf.: CIALDINI, Robert. *As armas da persuasão.* Rio de Janeiro: Sextante, 2012. p. 178.

O OFICIAL DE JUSTIÇA CONCILIADOR

Então, ouça, ouça e ouça atentamente! Sem pressa! Seu silêncio demonstrará respeito com as opiniões do jurisdicionado.

## 4º PASSO: NEUTRALIZAÇÃO

O próximo passo após ouvir atentamente o jurisdicionado, é demonstrar a neutralidade do oficial de justiça. Esclarecer que não está agindo em favor ou contra as partes, que não está preocupado em saber quem está certo ou errado, que somente está cumprindo as ordens judiciais e que os esclarecimentos fazem parte do seu dever.

Dessa forma, o oficial justiça conciliador estará se colocando à disposição para esclarecer as dúvidas que eventualmente o jurisdicionado possua. É um grande passo para conquista da confiança, que uma vez adquirida, o jurisdicionado ficará mais propenso a propor um acordo, quando assim lhe for sugerido.

Importante destacar que a demonstração de neutralidade durante a execução das atribuições primárias também reflete positivamente para a obtenção de acordo.

## 5º PASSO: CONTEXTUALIZAÇÃO JURÍDICO-PROCESSUAL

Cumpridos os 4 passos anteriores o Oficial de Justiça Conciliador normalmente terá conquistado a confiança e empatia do jurisdicionado, que passará ouvir com respeito e atenção esse momento explicativo, como forma de reciprocidade[184] por ter sido ouvido e respeitado.

Evite termos jurídicos e explique de forma clara e em linguagem compreensível as etapas do processo, seu momento atual e os atos que ainda poderão ser praticados.

Nesse momento tente ser bem objetivo para dar ao jurisdicionado uma visão geral do processo.

Exemplos de explicações:

- "O demandante ingressou com o processo contra você. Certa ou errada, só tem a versão dele nos autos, por isso o juiz mandou eu vim para te citar, ou seja, trazer ao seu conhecimento da existência do processo para que você, através de um advogado, apresente sua versão dos fatos. Se nada fizer, o que o demandante disse poderá ser tido como verdadeiro e o juiz poderá dar 'ganho' de causa para ele."

---

184 A regra da reciprocidade "[...] requer que uma pessoa tente retribuir, na mesma moeda, o que outra pessoa lhe forneceu." CIALDINI, 2012, p. 64.

- "Ocorrendo o ganho de causa em favor do demandante, o juiz determinará que você pague tudo: valor da condenação, advogado da outra parte e as despesas processuais. E se não pagar prazo estipulado, o juiz aplicará uma multa. Quanto mais tempo passar mais caro ficará para você."

- "Se ainda não houver o pagamento o juiz mandará penhorar seus bens para serem levados a leilão ou bloqueará valores em qualquer conta bancária que você tiver no Brasil, até que toda a dívida seja paga."

- "Se ainda você não pagar o juiz mandará te intimar para pagar em três dias, e não havendo o pagamento poderá lhe mandar à prisão por 30 a 90 dias." (alimentos)

*Cuidado* para não parecer que está intimidando ou ameaçando o jurisdicionado. Deixe bem claro a todo momento que somente está explicando o desenvolvimento do processo.

## 6º PASSO: INQUIRIÇÃO PERSUASIVA

Após situar o jurisdicionado sobre todo trâmite processual, você iniciará perguntas que induzirá à reflexão, podendo o levar a concluir que o acordo é uma excelente opção.

É muito importante que as propostas seja espontaneamente apresentadas pelo jurisdicionado, pois nestes casos a tendência do acordo ser cumprido será muito maior do que se as propostas partirem do sugestionamento do oficial de justiça conciliador ou de terceiros.

Opte por perguntas estratégicas e persuasivas, que façam o jurisdicionado refletir sobre o custo-benefício de manter uma demanda, como por exemplo:

- "Vale a pena correr o risco de deixar o processo se prolongar?";

- "Você precisará de um advogado, quanto você acredita que custará a contratação?";

- "Já pensou se lá na frente você receber um valor e ele ser bloqueado na hora em que você mais precisar?";

- "Vale a pena correr o risco de um imóvel seu ser vendido num leilão pela metade do valor de mercado e você ainda ficar devendo?".

A medida que o jurisdicionado relutar em buscar a solução do litígio, o oficial vai revelando as consequências drásticas que podem ocorrer no processo: penhora, venda em leilão por preço muito baixo, bloqueio de

## O OFICIAL DE JUSTIÇA CONCILIADOR

valores em situação inesperada, negativação do crédito, prisão em alimentos, etc. Ou ainda, explicar que em alguns casos há juízes aplicando medidas executórias atípicas, com base no art. 239, IV, CPC, consistentes no bloqueio de cartões de crédito, apreensão de passaporte, suspensão da CNH, etc.

Mais uma vez fica o alerta: toda explicação deve ter cunho pedagógico e jamais ameaçador!

### 7º PASSO: REVELAÇÃO

O sétimo passo consiste em revelar-se como oficial de justiça conciliador. Por uma questão estratégica não é prudente que essa revelação aconteça antes de cumpridos os passos anteriores, sob o risco de comprometer a empatia e confiança pelo jurisdicionado. Pois, presumindo interesse do oficial no acordo, pode ser que o jurisdicionado fique pouco receptivo à reflexão e às explicações acerca do tema.

Portanto, após ter explicado todo o trâmite processual e os riscos de deixar processo correr à revelia, explique que o CPC mudou em 2015 e que a partir de então o oficial de justiça pode obter proposta de acordo e levá-las diretamente ao juízo, sem a necessidade de contratação de um advogado.

Somente a partir desse momento será conveniente falar sobre as vantagens da conciliação, porque agora as palavras do Oficial de Justiça não mais parecerão suspeitas porque o jurisdicionado estará situado no contexto processual e será muito mais receptivo às suas orientações.

Explique que o momento é uma grande oportunidade para o jurisdicionado propor onde um acordo onde poderá pagar o débito dentro das suas condições e realidade econômica, ou ainda, em valor que entender justo. E, ainda que a parte contrária não aceite a proposta, ficará registrada no processo a intenção e boa vontade do jurisdicionado em que querer resolver amigavelmente o conflito.

Reforce sempre a reflexão de que a lei autoriza o oficial de justiça colher a proposta de acordo, logo essa será uma das poucas oportunidades no processo onde a parte poderá resolver amigavelmente o conflito, mas se deixar para um momento posterior terá que contratar um advogado, além de ter arcar com um valor maior em razão dos juros atualização monetária. A *escassez*[185] dessa oportunidade poderá persuadir a jurisdicionado a resolver o conflito.

---

185 "De acordo com o princípio da escassez, as pessoas atribuem mais valor a oportunidades quando estas estão menos disponíveis." CILADINI, 2012, p. 262

## 8º PASSO: FORMAÇÃO DA PROPOSTA

Nesse momento o oficial irá coletar a proposta de acordo, advertindo o jurisdicionado a ter bom senso em sua formulação para que ela seja aceita pela parte contrária. Explique que o jurisdicionado poderá justificar os motivos do inadimplemento da dívida e as razões da proposta nos termos pretendidos. Pergunte qual valor que está dentre as suas condições financeiras.

Em muitos casos é mais eficiente direcionar o foco no valor das parcelas, do que no valor total devido. Por isso, é muito importante que o Oficial de Justiça Conciliador observe o momento de sugerir o pagamento parcelado e ajude o jurisdicionado a refletir e encontrar sobre um valor de parcela compatível com seu orçamento. Encontrar o valor perfeito da parcela, torna o acordo mais atraente e geralmente o jurisdicionado não oferece resistência quanto a quantidade delas.

Lembre-se de inquerir o jurisdicionado acerca do dia em que ele recebe seu salário, para então fixar o dia de vencimento da(s) parcela(s), como também sugira que o vencimento da primeira seja pelo menos 30 dias após a coleta do acordo, para que o Cartório tenha tempo de intimar a parte contrária.

Nada impede que o próprio oficial entre em contato telefônico com a parte contrária para avisar da existência da proposta de acordo, porém, se ela estiver representada por advogado, deverá manifestar a aceitação por intermédio deste.

Busque sempre orientar ao jurisdicionado a propor o pagamento diretamente à parte contrária, seja por depósito em conta bancária ou através de boleto. Importante inquerir se o jurisdicionado concorda que a aceitação da proposta seja lhe comunicada diretamente pela parte contrária, através de e-mail ou celular.[186] Logo será necessário colher também essas informações. Pergunte ainda se havendo aceitação pela parte contrária o jurisdicionado dispensa ser intimado da sentença de homologação do acordo e extinção do processo.

---

186 É importante esclarecer que incumbe à parte contrária informar formalmente sua aceitação para o juízo e poderá fazer informalmente à parte contrária, por telefone ou e-mail, conforme sugerido. E, tratando-se de juizado especial, onde litiga sem advogado, a informação da aceitação ao juízo poderá ser feita por intermédio do oficial de justiça, caso em que o processo estará pronto para a homologação.

O OFICIAL DE JUSTIÇA CONCILIADOR

Neste ponto, cabe destacar que a partir da aceitação da proposta, geralmente fica restabelecido o dialogo perdido entre as partes, de modo que a partir de então eles consigam, por si sós, resolverem detalhes pontuais da execução do acordo e acabam por ter processo por *encerrado*, não tendo interesse no término formal dele.

Por fim, é muito importante estipular uma clausula penal ou previsão para que a dívida volte para o valor original em caso de inadimplência. Isto porque, na prática, muitas contra propostas têm surgido somente para incluir referida previsão.

## 9º PASSO: RECONHECIMENTO

É muito importante que após a coleta do acordo o oficial de justiça conciliador parabenize à parte pela proposta realizada, enalteça e elogie sua atitude cidadã em buscar a solução amigável do litígio, estimulando-a a fazer o mesmo em todas as situações conflituosas de sua vida.

Lembre-se que o Oficial de Justiça Conciliador é uma autoridade representativa do Judiciário na rua e seu elogio em razão da proposta de acordo pode ter impacto positivo e influenciar o jurisdicionado e outras pessoas de seu convívio a buscarem por si sós a solução amigável dos litígios. E, dessa forma, contribuir para que aos poucos se diminua a atual cultura de litigiosidade, ou nas palavras de Kazuo Watanabe, "cultura de sentença".[187]

## 10º PASSO: REDAÇÃO

É muito importante que o acordo contenha pelos clausulas básicas, como valor do total proposta, formas de pagamento e data de vencimento.

O Oficial de Justiça Conciliador deve ter uma visão sistêmica ao colher e transcrever o acordo. Pensar e prever todo desenrolar processual da sua atuação, no sentido de precaver a economia dos atos processuais, como por exemplo: Se o jurisdicionado concordar ser informado da aceitação do acordo diretamente pela parte contrária, evita a emissão de novo mandado para intimação da aceitação do acordo. Se o jurisdicionado aceitar dispensar ser intimado da homologação e extinção do feito, evita-se também a emissão de novo mandado de intimação desses atos.

---

187 WATANABE, Kazuo, 2008, p. .7.

Isto porque, uma vez que as partes compõe um acordo, o que lhes interessam é o pagamento por uma e o recebimento por outra, pouco importando-se com as formalidades processuais posteriores de comunicação. Por outro lado, quando as partes alcançam um acordo, cessa a pretensão resistida e o diálogo pode ser estabelecido, sendo desnecessário que o Judiciário permaneça na *administração* e *intermediação* de atos particulares de cunho exclusivamente contratual.

Por isso a importância e relevância da atuação e olhar atendo do oficial de justiça conciliador para esses detalhes que poderão reverter na economia de atos processuais, evitando-se toda movimentação desnecessária da máquina judicial.

## II. MODELO DE CERTIDÃO COM PROPOSTA DE ACORDO

### CERTIDÃO

Certifico que CITEI o EXECUTADO, que após ter tomado conhecimento do inteiro teor do mandado e das peças processuais que o acompanham, aceitou a contrafé que ofereci, exarando sua assinatura.

### PROPOSTA DE ACORDO

Na ocasião, após ser provocado à solução consensual do conflito (CPC, art. 154, VI), o executado justificou a dificuldade de adimplir a dívida com o exequente em razão do insucesso de seus negócios, o que gerou um acúmulo de dívidas que aos poucos vem tentado saldar, porém, recentemente conseguiu um emprego e pretende quitar o débito do processo, da seguinte forma: *R$ 2000,00 (dois mil reais) em 10 (dez) parcelas mensais consecutivas no valor de R$ 200,00 (duzentos reais), a iniciar-se em 05/08/2018.* Propõe ainda arcar com as custas processuais e honorários advocatícios no valor R$ 200,00 (duzentos reais). A aceitação pelo exequente deverá ser comunicada através do telefone ou e-mail do executado (00 90000-0000 e executado@executado.com), ocasião em que deverão ser informados os dados bancários para depósito ou sobre a disponibilização de boletos. Em caso de inadimplência de três parcelas a dívida voltará para o valor originário. Por fim o executado dispensa ser intimado da sentença de homologação do acordo e extinção do feito.

O OFICIAL DE JUSTIÇA CONCILIADOR

## III. FLUXOGRAMA DO PASSO A PASSO PARA OBTENÇÃO PROPOSTA DE ACORDO NO MANDADO

**1º**
- VERIFICAÇÃO
- Verificar ter concluído todos os atos de atribuição primária

**2º**
- INQUIRIÇÃO INICIAL
- Perguntar sobre a possibilidade de acordo, de formal sutil

**3º**
- AUDIÇÃO ANALÍTICA
- Ouvir atentamente e sem pressa as respostas do jurisdicionado

**4º**
- NEUTRALIZAÇÃO
- Demonstrar a neutralidade do oficial

**5º**
- CONTEXTUALIZAÇÃO JURÍDICO-PROCESSUAL
- Explicar o trâmite do desenvolvimento processual

**6º**
- INQUIRIÇÃO PERSUASIVA
- Fazer perguntas estratégicas

**7º**
- REVELAÇÃO
- Revelar-se como oficial de justiça conciliador

**8º**
- FORMAÇÃO DA PROPOSTA
- Colher as cláusulas da proposta de acordo

**9º**
- RECONHECIMENTO
- Reconhecer e enaltecer a intenção de propor o acordo

**10º**
- REDAÇÃO
- Redigir a proposta de acordo

# ANEXO II – PESQUISA ACERCA DA APLICABILIDADE DO ART. 154, VI, CPC

# Programa de Pós-Graduação da Universidade Federal de Santa Catarina Mestrado Profissional em Direito

Pesquisa endereçada aos oficiais de justiça do Poder Judiciário de Santa Catarina para precisar os reflexos, eficácia e aplicabibilidade das inovações do CPC/2015 em relação às suas atribuições.
A presente pesquisa tem fins acadêmicos e irá compor acervo para o Mestrado Profissional em Direito da Universidade Federal de Santa Catarina, portanto é imprescindível a colaboração sincera de cada participante.

*Obrigatório

**1 - Qual a Comarca do participante? ***

Escolher

**2 - Idade do participante: ***

Escolher

**3 - Quanto tempo exerce a função de oficial de justiça? ***

Escolher

O OFICIAL DE JUSTIÇA CONCILIADOR

**4 - Qual a opinião do participante acerca da importância da conciliação e das demais formas consensuais de resolução de conflito? ***

|  | 1 | 2 | 3 | 4 | 5 |  |
|---|---|---|---|---|---|---|
| Sem relevância | ○ | ○ | ○ | ○ | ○ | Muito relevante |

**5 - Qual a importância do oficial de justiça na autocomposição do litígio e na pacificação dos conflitos? ***

|  | 1 | 2 | 3 | 4 | 5 |  |
|---|---|---|---|---|---|---|
| Sem relevância | ○ | ○ | ○ | ○ | ○ | Muito relevante |

**6 - É atribuição do oficial de justiça estimular as partes à solução consensual dos conflitos. ***

|  | 1 | 2 | 3 | 4 | 5 |  |
|---|---|---|---|---|---|---|
| Discordo totalmente | ○ | ○ | ○ | ○ | ○ | Concordo Totalmente |

**7 - Sempre que o objeto da lide comportar transação, o oficial de justiça deve estimular as partes à composição amigável do litígio. ***

|  | 1 | 2 | 3 | 4 | 5 |  |
|---|---|---|---|---|---|---|
| Discordo totalmente | ○ | ○ | ○ | ○ | ○ | Concordo totalmente |

**8 - Desde a entrada em vigor do CPC/2015 (mar/2016), com qual frequência o participante certificou proposta de acordo na certidão do mandado?** *

○ ainda não teve nenhum caso

○ raramente

○ frequentemente

○ muito frequente

PRÓXIMA

Este conteúdo não foi criado nem aprovado pelo Google. Denunciar abuso - Termos de Serviço

Google Formulários

O OFICIAL DE JUSTIÇA CONCILIADOR

## Programa de Pós-Graduação da Universidade Federal de Santa Catarina Mestrado Profissional em Direito

*Obrigatório

O estímulo à autocomposição pelo oficial de justiça.

9 - A maior divulgação do novo Código de Processo Civil para oficiais de justiça pode contribuir para que eles consigam obter mais propostas de autocomposição, quando do cumprimento dos mandados. *

|  | 1 | 2 | 3 | 4 | 5 |  |
|---|---|---|---|---|---|---|
| Discordo totalmente | O | O | O | O | O | Concordo totalmente |

10 - A capacitação dos oficiais de justiça com cursos e ferramentas de conciliação pode contribuir para que eles consigam obter mais propostas de autocomposição, quando do cumprimento dos mandados. *

|  | 1 | 2 | 3 | 4 | 5 |  |
|---|---|---|---|---|---|---|
| Discordo Totalmente | O | O | O | O | O | Concordo totalmente |

**11 - O estímulo institucional pelo Poder Judiciário aos oficiais de justiça pode contribuir para que eles consigam obter mais propostas de autocomposição, quando do cumprimento dos mandados. ***

| | 1 | 2 | 3 | 4 | 5 | |
|---|---|---|---|---|---|---|
| Discordo totalmente | ○ | ○ | ○ | ○ | ○ | Concordo totalmente |

**12 - O excesso de mandados dificulta ao oficial de justiça dedicar-se a estimular às partes à autocomposição. ***

| | 1 | 2 | 3 | 4 | 5 | |
|---|---|---|---|---|---|---|
| Discordo totalmente | ○ | ○ | ○ | ○ | ○ | Concordo totalmente |

Muito obrigado por sua participação.

PRADO, Ricardo Tadeu Estanislau. Pesquisa endereçada aos oficiais de justiça do Poder Judiciário de Santa Catarina para precisar os reflexos, eficácia e aplicabibilidade das inovações do CPC/2015 em relação às suas atribuições. Realizada entre 28/03/2018 a 30/04/2018. Disponível em: <https://docs.google.com/forms/d/e/1FAIpQLSeY-m-hd2J_RxTAeUbCXS4BX_jXrcp90PgUHba8qzM3T3Pmzw/viewanalytics>.

VOLTAR          ENVIAR

# O OFICIAL DE JUSTIÇA CONCILIADOR

| Carimbo de data/hora | P1 | P2 | P3 | P4 | P5 | P6 | P7 | P8 | P9 | P10 | P11 | P12 | Sugestão |
|---|---|---|---|---|---|---|---|---|---|---|---|---|---|
| 3/28/2018 16:31:46 | Araranguá | 40 - 49 anos | Entre 15 e 20 anos | 5 | 3 | 3 | 3 | ainda não teve nenhum caso | 5 | 5 | 5 | 5 | |
| 3/28/2018 16:38:38 | Araranguá | 30 - 39 anos | Entre 10 e 15 anos | 5 | 3 | 5 | 5 | raramente | 3 | 5 | 5 | 5 | |
| 3/28/2018 18:10:30 | Concórda | 30 - 39 anos | Há menos de 5 anos | 5 | 1 | 4 | 4 | ainda não teve nenhum caso | 4 | 4 | 4 | 5 | |
| 3/28/2018 18:11:51 | Caçador | 30 - 39 anos | Há menos de 5 anos | 5 | 4 | 3 | 3 | ainda não teve nenhum caso | 2 | 2 | 4 | 5 | |
| 3/28/2018 18:17:04 | Coronel Freitas | 50 anos ou mais | Há mais de 20 anos | 5 | 5 | 5 | 5 | raramente | 4 | 5 | 4 | 5 | |
| 3/28/2018 18:18:01 | São José | 30 - 39 anos | Entre 5 e 10 anos | 5 | 4 | 5 | 5 | raramente | 5 | 5 | 5 | 5 | |
| 3/28/2018 18:24:20 | Criciúma | 40 - 49 anos | Entre 5 e 10 anos | 5 | 5 | 5 | 5 | ainda não teve nenhum caso | 5 | 5 | 5 | 5 | |
| 3/28/2018 18:25:05 | Campos Novos | 30 - 39 anos | Entre 5 e 10 anos | 5 | 5 | 3 | 5 | ainda não teve nenhum caso | 5 | 5 | 5 | 5 | |
| 3/28/2018 18:26:34 | Capivari de Baixo | 50 anos ou mais | Há mais de 20 anos | 5 | 5 | 4 | 4 | raramente | 4 | 4 | 4 | 4 | |
| 3/28/2018 18:32:31 | Catanduvas | 40 - 49 anos | Há menos de 5 anos | 5 | 2 | 1 | 1 | ainda não teve nenhum caso | 1 | 1 | 1 | 5 | |
| 3/28/2018 18:33:57 | São José | 30 - 39 anos | Entre 10 e 15 anos | 5 | 5 | 5 | 5 | raramente | 5 | 5 | 5 | 5 | |
| 3/28/2018 18:39:22 | Anchieta | 30 - 39 anos | Entre 5 e 10 anos | 4 | 2 | 1 | 2 | raramente | 3 | 3 | 3 | 5 | |
| 3/28/2018 18:42:48 | Caçador | 30 - 39 anos | Entre 5 e 10 anos | 5 | 2 | 1 | 1 | ainda não teve nenhum caso | 3 | 5 | 5 | 5 | |
| 3/28/2018 18:53:27 | Capinzal | 30 - 39 anos | Entre 5 e 10 anos | 5 | 5 | 3 | 4 | raramente | 5 | 5 | 5 | 5 | |
| 3/28/2018 19:04:26 | Capital - Continente | 30 - 39 anos | Entre 10 e 15 anos | 4 | 5 | 4 | 5 | ainda não teve nenhum caso | 3 | 3 | 5 | 5 | |
| 3/28/2018 19:06:25 | Brusque | 30 - 39 anos | Entre 5 e 10 anos | 5 | 5 | 5 | 5 | frequentemente | 3 | 5 | 5 | 5 | |
| 3/28/2018 19:07:00 | Capital - Continente | 18 - 29 anos | Entre 5 e 10 anos | 5 | 5 | 5 | 5 | raramente | 5 | 5 | 5 | 5 | |
| 3/28/2018 19:14:19 | Porto Belo | 50 anos ou mais | Há mais de 20 anos | 5 | 5 | 5 | 5 | ainda não teve nenhum caso | 5 | 5 | 5 | 4 | |
| 3/28/2018 19:22:57 | Concórda | 40 - 49 anos | Há mais de 20 anos | 5 | 5 | 5 | 5 | ainda não teve nenhum caso | 5 | 5 | 5 | 5 | |
| 3/28/2018 19:23:01 | Itajaí | 50 anos ou mais | Há mais de 20 anos | 5 | 5 | 1 | 4 | raramente | 3 | 5 | 3 | 5 | |
| 3/28/2018 19:31:16 | Tribunal de Justiça | 40 - 49 anos | Há mais de 20 anos | 5 | 4 | 5 | 5 | ainda não teve nenhum caso | 1 | 4 | 4 | 5 | |
| 3/28/2018 19:47:26 | São José | 40 - 49 anos | Há mais de 20 anos | 5 | 5 | 5 | 5 | raramente | 5 | 5 | 5 | 5 | |
| 3/28/2018 19:52:38 | São José | 50 anos ou mais | Entre 15 e 20 anos | 1 | 1 | 1 | 1 | raramente | 1 | 1 | 1 | 5 | |
| 3/28/2018 20:34:36 | Capinzal | 40 - 49 anos | Entre 5 e 10 anos | 5 | 5 | 2 | 2 | ainda não teve nenhum caso | 2 | 4 | 4 | 5 | |
| 3/28/2018 20:50:14 | Indaial | 30 - 39 anos | Entre 5 e 10 anos | 5 | 5 | 5 | 5 | frequentemente | 5 | 5 | 5 | 5 | |
| 3/28/2018 20:55:10 | Ascurra | 30 - 39 anos | Entre 5 e 10 anos | 5 | 3 | 4 | 4 | ainda não teve nenhum caso | 4 | 3 | 3 | 5 | |
| 3/28/2018 21:02:41 | Caçador | 50 anos ou mais | Há mais de 20 anos | 5 | 5 | 4 | 5 | frequentemente | 5 | 5 | 5 | 5 | |
| 3/28/2018 21:10:28 | Caçador | 40 - 49 anos | Entre 15 e 20 anos | 5 | 5 | 5 | 5 | raramente | 5 | 4 | 4 | 4 | |
| 3/28/2018 21:13:57 | Caçador | 40 - 49 anos | Entre 5 e 10 anos | 5 | 5 | 3 | 4 | ainda não teve nenhum caso | 5 | 5 | 5 | 5 | |
| 3/28/2018 22:59:39 | Capinzal | 30 - 39 anos | Entre 10 e 15 anos | 5 | 5 | 5 | 5 | ainda não teve nenhum caso | 5 | 5 | 5 | 5 | |
| 3/28/2018 23:01:35 | Capital - Foro Central | 30 - 39 anos | Há menos de 5 anos | 5 | 3 | 3 | 4 | raramente | 5 | 5 | 5 | 5 | |
| 3/28/2018 23:04:30 | Capital - Foro Central | 30 - 39 anos | Entre 5 e 10 anos | 5 | 5 | 5 | 5 | raramente | 5 | 5 | 5 | 5 | |
| 3/28/2018 23:18:28 | Capital - Foro Central | 50 anos ou mais | Há mais de 20 anos | 5 | 5 | 1 | 5 | ainda não teve nenhum caso | 5 | 5 | 5 | 5 | |

| Carimbo de data/hora | P1 | P2 | P3 | P4 | P5 | P6 | P7 | P8 | P9 | P10 | P11 | P12 | Sugestão |
|---|---|---|---|---|---|---|---|---|---|---|---|---|---|
| 3/28/2018 23:19:00 | Capital - Foro Central | 50 anos ou mais | Há mais de 20 anos | 5 | 5 | 4 | 5 | raramente | 4 | 4 | 4 | 5 | |
| 3/28/2018 23:21:30 | Anita Garabaldi | 40 - 49 anos | Entre 15 e 20 anos | 3 | 2 | 3 | 4 | ainda não teve nenhum caso | 5 | 5 | 5 | 1 | |
| 3/28/2018 23:21:37 | Capital - Foro Central | 30 - 39 anos | Entre 5 e 10 anos | 5 | 5 | 5 | 5 | ainda não teve nenhum caso | 5 | 5 | 5 | 5 | |
| 3/28/2018 23:25:54 | Capital - Foro Central | 40 - 49 anos | Há mais de 20 anos | 5 | 5 | 5 | 5 | muito frequente | 5 | 5 | 5 | 5 | |
| 3/28/2018 23:26:10 | Capital - Foro Central | 40 - 49 anos | Há mais de 20 anos | 5 | 5 | 5 | 5 | muito frequente | 5 | 5 | 5 | 5 | |
| 3/28/2018 23:29:11 | Tubarão | 30 - 39 anos | Entre 5 e 10 anos | 5 | 5 | 5 | 5 | raramente | 3 | 5 | 5 | 5 | |
| 3/28/2018 23:31:28 | Capital - Foro Central | 18 - 29 anos | Entre 5 e 10 anos | 5 | 4 | 4 | 5 | ainda não teve nenhum caso | 5 | 5 | 5 | 5 | |
| 3/28/2018 23:32:05 | Urubici | 40 - 49 anos | Entre 5 e 10 anos | 2 | 2 | 1 | 3 | ainda não teve nenhum caso | 1 | 1 | 1 | 5 | |
| 3/28/2018 23:44:16 | Sombrio | 30 - 39 anos | Entre 15 e 20 anos | 5 | 5 | 4 | 4 | ainda não teve nenhum caso | 5 | 5 | 5 | 5 | |
| 3/29/2018 1:29:23 | Lages | 40 - 49 anos | Entre 10 e 15 anos | 5 | 5 | 5 | 5 | raramente | 3 | 5 | 5 | 5 | |
| 3/29/2018 3:22:02 | Araranguá | 40 - 49 anos | Há menos de 5 anos | 5 | 5 | 4 | 4 | ainda não teve nenhum caso | 5 | 5 | 5 | 5 | |
| 3/29/2018 6:16:24 | Cunha Porã | 50 anos ou mais | Há mais de 20 anos | 5 | 5 | 4 | 4 | raramente | 4 | 4 | 4 | 5 | |
| 3/29/2018 6:48:58 | Capital - Foro Central | 30 - 39 anos | Entre 5 e 10 anos | 4 | 3 | 2 | 2 | ainda não teve nenhum caso | 2 | 4 | 4 | 5 | |
| 3/29/2018 7:35:41 | Capital - Foro Central | 30 - 39 anos | Há menos de 5 anos | 4 | 3 | 3 | 3 | ainda não teve nenhum caso | 4 | 5 | 5 | 5 | |
| 3/29/2018 9:54:39 | Capital - Foro Central | 30 - 39 anos | Há menos de 5 anos | 5 | 5 | 5 | 5 | ainda não teve nenhum caso | 4 | 5 | 5 | 5 | |
| 3/29/2018 10:29:02 | Forquilhinha | 30 - 39 anos | Entre 5 e 10 anos | 5 | 5 | 5 | 5 | frequentemente | 4 | 5 | 5 | 5 | |
| 3/29/2018 10:48:19 | Itapiranga | 30 - 39 anos | Entre 5 e 10 anos | 5 | 5 | 3 | 4 | raramente | 3 | 5 | 5 | 5 | |
| 3/29/2018 10:51:00 | Criciúma | 30 - 39 anos | Há menos de 5 anos | 5 | 3 | 1 | 1 | ainda não teve nenhum caso | 4 | 5 | 5 | 5 | |
| 3/29/2018 10:52:15 | Criciúma | 40 - 49 anos | Entre 10 e 15 anos | 4 | 4 | 4 | 4 | ainda não teve nenhum caso | 5 | 5 | 5 | 5 | |
| 3/29/2018 11:03:33 | Itapiranga | 40 - 49 anos | Há mais de 20 anos | 5 | 4 | 3 | 4 | ainda não teve nenhum caso | 5 | 5 | 5 | 3 | |
| 3/29/2018 11:36:14 | Criciúma | 50 anos ou mais | Há mais de 20 anos | 3 | 1 | 1 | 1 | ainda não teve nenhum caso | 2 | 2 | 2 | 5 | |
| 3/29/2018 11:49:55 | Criciúma | 40 - 49 anos | Entre 10 e 15 anos | 5 | 5 | 4 | 5 | raramente | 5 | 5 | 5 | 5 | |
| 3/29/2018 13:57:18 | Tubarão | 40 - 49 anos | Há mais de 20 anos | 5 | 4 | 5 | 4 | frequentemente | 4 | 5 | 3 | 5 | |
| 3/29/2018 14:42:47 | Tubarão | 40 - 49 anos | Entre 5 e 10 anos | 3 | 4 | 3 | 3 | raramente | 3 | 4 | 4 | 5 | |
| 3/29/2018 14:48:16 | Araranguá | 30 - 39 anos | Entre 5 e 10 anos | 5 | 5 | 5 | 5 | ainda não teve nenhum caso | 5 | 5 | 5 | 5 | |
| 3/29/2018 14:48:49 | Capital - Continente | 40 - 49 anos | Há menos de 5 anos | 5 | 5 | 5 | 5 | frequentemente | 5 | 5 | 5 | 4 | |
| 3/29/2018 14:53:23 | Tubarão | 40 - 49 anos | Entre 15 e 20 anos | 3 | 3 | 2 | 3 | raramente | 2 | 2 | 2 | 5 | |
| 3/29/2018 15:00:40 | Anita Garabaldi | 40 - 49 anos | Entre 10 e 15 anos | 4 | 3 | 3 | 3 | raramente | 3 | 4 | 4 | 5 | |
| 3/29/2018 15:49:07 | Araranguá | 30 - 39 anos | Entre 10 e 15 anos | 5 | 5 | 5 | 5 | raramente | 5 | 5 | 5 | 5 | |
| 3/29/2018 16:18:35 | Araranguá | 50 anos ou mais | Há mais de 20 anos | 5 | 5 | 5 | 5 | raramente | 5 | 5 | 5 | 5 | |
| 3/29/2018 17:51:16 | Capital - Foro Central | 40 - 49 anos | Entre 15 e 20 anos | 5 | 5 | 5 | 5 | ainda não teve nenhum caso | 5 | 5 | 5 | 5 | |
| 3/29/2018 20:10:02 | Itajaí | 50 anos ou mais | Entre 10 e 15 anos | 5 | 4 | 4 | 4 | raramente | 3 | 3 | 3 | 4 | |
| 3/29/2018 20:14:48 | Capital - Continente | 30 - 39 anos | Entre 10 e 15 anos | 5 | 5 | 3 | 5 | ainda não teve nenhum caso | 5 | 5 | 5 | 5 | |

# O OFICIAL DE JUSTIÇA CONCILIADOR

| Carimbo de data/hora | P1 | P2 | P3 | P4 | P5 | P6 | P7 | P8 | P9 | P10 | P11 | P12 | Sugestão |
|---|---|---|---|---|---|---|---|---|---|---|---|---|---|
| 3/29/2018 20:54:31 | Mondaí | 40 - 49 anos | Entre 15 e 20 anos | 5 | 5 | 5 | 5 | raramente | 5 | 5 | 5 | 5 | |
| 3/29/2018 22:08:29 | Criciúma | 30 - 39 anos | Entre 5 e 10 anos | 5 | 5 | 4 | 5 | raramente | 5 | 5 | 5 | 5 | |
| 3/29/2018 22:49:28 | Araranguá | 30 - 39 anos | Há menos de 5 anos | 5 | 5 | 5 | 5 | raramente | 5 | 5 | 5 | 5 | |
| 3/30/2018 13:50:46 | Tubarão | 50 anos ou mais | Há mais de 20 anos | 3 | 3 | 3 | 3 | ainda não teve nenhum caso | 3 | 2 | 1 | 5 | |
| 3/30/2018 13:55:56 | Otacílio Costa | 30 - 39 anos | Há menos de 5 anos | 5 | 3 | 5 | 5 | frequentemente | 5 | 5 | 4 | 5 | |
| 3/30/2018 13:59:29 | Joaçaba | 30 - 39 anos | Entre 5 e 10 anos | 3 | 1 | 1 | 4 | ainda não teve nenhum caso | 1 | 1 | 4 | 5 | |
| 3/30/2018 17:14:46 | Gaspar | 30 - 39 anos | Entre 10 e 15 anos | 5 | 4 | 3 | 4 | raramente | 4 | 4 | 4 | 4 | |
| 3/30/2018 17:20:46 | Caçador | 50 anos ou mais | Há mais de 20 anos | 5 | 3 | 4 | 3 | ainda não teve nenhum caso | 3 | 4 | 3 | 5 | |
| 3/30/2018 17:22:11 | Jaraguá do Sul | 30 - 39 anos | Entre 5 e 10 anos | 5 | 4 | 5 | 5 | raramente | 3 | 5 | 5 | 5 | |
| 3/30/2018 18:19:18 | Tubarão | 50 anos ou mais | Há mais de 20 anos | 5 | 4 | 4 | 5 | raramente | 4 | 5 | 4 | 5 | |
| 3/30/2018 18:22:26 | Tubarão | 40 - 49 anos | Entre 5 e 10 anos | 5 | 4 | 5 | 5 | raramente | 5 | 5 | 5 | 5 | |
| 3/30/2018 18:54:35 | Tribunal de Justiça | 40 - 49 anos | Entre 15 e 20 anos | 5 | 5 | 5 | 5 | muito frequente | 5 | 5 | 5 | 5 | |
| 3/30/2018 19:24:55 | São João Batista | 40 - 49 anos | Entre 10 e 15 anos | 4 | 3 | 3 | 4 | raramente | 4 | 4 | 3 | 5 | |
| 3/30/2018 20:20:11 | Camboriú | 30 - 39 anos | Entre 5 e 10 anos | 5 | 4 | 5 | 5 | raramente | 4 | 5 | 5 | 5 | |
| 3/30/2018 20:21:45 | São Carlos | 50 anos ou mais | Há mais de 20 anos | 5 | 5 | 3 | 4 | ainda não teve nenhum caso | 3 | 5 | 5 | 4 | |
| 3/30/2018 20:51:51 | Itajaí | 40 - 49 anos | Entre 15 e 20 anos | 4 | 4 | 3 | 4 | raramente | 3 | 5 | 5 | 5 | |
| 3/30/2018 21:19:02 | Timbó | 50 anos ou mais | Há mais de 20 anos | 5 | 5 | 5 | 5 | raramente | 5 | 5 | 5 | 5 | |
| 3/30/2018 21:47:15 | Seara | 30 - 39 anos | Entre 15 e 20 anos | 5 | 3 | 3 | 3 | raramente | 4 | 4 | 5 | 5 | |
| 3/30/2018 22:17:08 | Itá | 40 - 49 anos | Entre 10 e 15 anos | 5 | 5 | 5 | 5 | ainda não teve nenhum caso | 4 | 4 | 4 | 5 | |
| 3/30/2018 22:51:16 | Brusque | 30 - 39 anos | Entre 5 e 10 anos | 5 | 5 | 4 | 3 | raramente | 2 | 5 | 1 | 5 | |
| 3/31/2018 1:50:13 | Lages | 30 - 39 anos | Entre 5 e 10 anos | 5 | 5 | 5 | 5 | ainda não teve nenhum caso | 5 | 5 | 5 | 5 | |
| 3/31/2018 7:48:40 | Timbó | 50 anos ou mais | Há mais de 20 anos | 5 | 5 | 5 | 5 | raramente | 4 | 5 | 5 | 5 | |
| 3/31/2018 11:02:49 | Laguna | 30 - 39 anos | Entre 5 e 10 anos | 4 | 3 | 5 | 5 | raramente | 3 | 5 | 5 | 5 | |
| 3/31/2018 15:00:50 | Capital - Foro Central | 40 - 49 anos | Entre 15 e 20 anos | 5 | 5 | 5 | 5 | ainda não teve nenhum caso | 5 | 5 | 5 | 5 | |
| 4/3/2018 18:56:05 | Chapecó | 40 - 49 anos | Há menos de 5 anos | 5 | 3 | 4 | 4 | raramente | 4 | 5 | 5 | 2 | |
| 4/3/2018 21:08:58 | Capital - Continente | 30 - 39 anos | Entre 10 e 15 anos | 5 | 5 | 5 | 5 | ainda não teve nenhum caso | 5 | 5 | 5 | 5 | |
| 4/3/2018 23:17:39 | Chapecó | 30 - 39 anos | Entre 5 e 10 anos | 5 | 5 | 5 | 5 | frequentemente | 5 | 5 | 5 | 5 | |
| 4/4/2018 0:04:48 | Blumenau | 40 - 49 anos | Entre 15 e 20 anos | 5 | 4 | 4 | 5 | raramente | 5 | 5 | 5 | 5 | |
| 4/4/2018 10:33:43 | Chapecó | 30 - 39 anos | Há menos de 5 anos | 5 | 4 | 4 | 5 | raramente | 4 | 4 | 4 | 3 | |
| 4/5/2018 23:03:20 | Laguna | 30 - 39 anos | Entre 10 e 15 anos | 4 | 5 | 5 | 5 | ainda não teve nenhum caso | 5 | 5 | 5 | 5 | |
| 4/5/2018 23:10:30 | Caçador | 50 anos ou mais | Entre 15 e 20 anos | 4 | 4 | 5 | 4 | raramente | 5 | 5 | 5 | 5 | |
| 4/5/2018 23:11:10 | Laguna | 40 - 49 anos | Entre 10 e 15 anos | 5 | 4 | 2 | 3 | raramente | 5 | 5 | 5 | 5 | |
| 4/5/2018 23:11:48 | Capivari de Baixo | 50 anos ou mais | Há mais de 20 anos | 4 | 4 | 4 | 4 | raramente | 4 | 4 | 4 | 5 | |

| Carimbo de data/hora | P1 | P2 | P3 | P4 | P5 | P6 | P7 | P8 | P9 | P10 | P11 | P12 | Sugestão |
|---|---|---|---|---|---|---|---|---|---|---|---|---|---|
| 4/5/2018 23:15:04 | Laguna | 40 - 49 anos | Há mais de 20 anos | 5 | 1 | 1 | 1 | ainda não teve nenhum caso | 1 | 1 | 1 | 5 | |
| 4/5/2018 23:27:30 | Palhoça | 40 - 49 anos | Entre 5 e 10 anos | 1 | 3 | 2 | 2 | raramente | 2 | 2 | 2 | 5 | |
| 4/5/2018 23:27:12 | Braço do Norte | 30 - 39 anos | Entre 10 e 15 anos | 5 | 5 | 5 | 5 | raramente | 5 | 5 | 5 | 5 | |
| 4/5/2018 23:27:12 | Braço do Norte | 40 - 49 anos | Entre 15 e 20 anos | 5 | 5 | 5 | 5 | raramente | 5 | 5 | 5 | 5 | |
| 4/5/2018 23:37:09 | Sombrio | 40 - 49 anos | Entre 15 e 20 anos | 4 | 2 | 2 | 2 | raramente | 2 | 4 | 4 | 5 | |
| 4/5/2018 23:37:40 | Jaraguá do Sul | 30 - 39 anos | Entre 5 e 10 anos | 5 | 4 | 5 | 4 | muito frequente | 4 | 4 | 5 | 5 | |
| 4/5/2018 23:55:36 | Palhoça | 30 - 39 anos | Há menos de 5 anos | 5 | 2 | 3 | 2 | raramente | 1 | 5 | 5 | 5 | |
| 4/5/2018 23:58:20 | Urussanga | 50 anos ou mais | Há mais de 20 anos | 5 | 5 | 3 | 3 | ainda não teve nenhum caso | 1 | 1 | 2 | 5 | |
| 4/6/2018 0:34:46 | Criciúma | 50 anos ou mais | Entre 15 e 20 anos | 5 | 4 | 4 | 4 | frequentemente | 4 | 4 | 4 | 5 | |
| 4/6/2018 4:43:33 | Joinville | 40 - 49 anos | Entre 15 e 20 anos | 4 | 4 | 4 | 5 | raramente | 4 | 4 | 4 | 5 | |
| 4/6/2018 7:18:16 | Capinzal | 30 - 39 anos | Entre 5 e 10 anos | 5 | 5 | 5 | 5 | ainda não teve nenhum caso | 1 | 1 | 5 | 5 | |
| 4/6/2018 7:39:14 | Sombrio | 30 - 39 anos | Entre 10 e 15 anos | 5 | 4 | 4 | 4 | ainda não teve nenhum caso | 4 | 5 | 4 | 5 | |
| 4/6/2018 8:28:12 | Descanso | 30 - 39 anos | Entre 5 e 10 anos | 5 | 4 | 4 | 5 | raramente | 4 | 5 | 5 | 5 | |
| 4/6/2018 9:08:01 | Timbó | 50 anos ou mais | Há mais de 20 anos | 5 | 5 | 5 | 5 | raramente | 5 | 5 | 5 | 5 | |
| 4/6/2018 9:15:22 | Sombrio | 40 - 49 anos | Entre 15 e 20 anos | 4 | 2 | 2 | 2 | raramente | 2 | 4 | 4 | 5 | |
| 4/6/2018 9:39:02 | São Miguel do Oeste | 40 - 49 anos | Há mais de 20 anos | 5 | 4 | 4 | 5 | raramente | 5 | 5 | 5 | 5 | |
| 4/6/2018 9:45:21 | Joinville | 30 - 39 anos | Entre 5 e 10 anos | 5 | 5 | 3 | 3 | ainda não teve nenhum caso | 3 | 5 | 5 | 5 | |
| 4/6/2018 10:04:37 | Joinville | 50 anos ou mais | Há mais de 20 anos | 5 | 5 | 5 | 5 | raramente | 5 | 5 | 5 | 5 | |
| 4/6/2018 10:15:13 | Camboriú | 30 - 39 anos | Entre 5 e 10 anos | 5 | 2 | 2 | 2 | raramente | 2 | 5 | 5 | 5 | |
| 4/6/2018 10:33:15 | Coronel Freitas | 40 - 49 anos | Entre 15 e 20 anos | 5 | 4 | 4 | 5 | raramente | 5 | 5 | 5 | 5 | |
| 4/6/2018 10:44:13 | Joinville | 40 - 49 anos | Há mais de 20 anos | 5 | 3 | 3 | 4 | ainda não teve nenhum caso | 5 | 5 | 5 | 5 | |
| 4/6/2018 10:57:20 | Gaspar | 30 - 39 anos | Entre 5 e 10 anos | 5 | 3 | 1 | 3 | ainda não teve nenhum caso | 1 | 1 | 3 | 5 | |
| 4/6/2018 11:53:15 | São Miguel do Oeste | 30 - 39 anos | Entre 5 e 10 anos | 4 | 1 | 1 | 1 | ainda não teve nenhum caso | 2 | 1 | 1 | 5 | |
| 4/6/2018 11:53:52 | Braço do Norte | 50 anos ou mais | Há mais de 20 anos | 4 | 5 | 4 | 5 | raramente | 4 | 4 | 4 | 5 | |
| 4/6/2018 12:07:14 | Indaial | 30 - 39 anos | Entre 5 e 10 anos | 5 | 4 | 5 | 5 | raramente | 4 | 5 | 5 | 5 | |
| 4/6/2018 13:21:52 | Taió | 50 anos ou mais | Há mais de 20 anos | 5 | 4 | 4 | 4 | ainda não teve nenhum caso | 4 | 5 | 4 | 5 | |
| 4/6/2018 13:56:15 | Taió | 50 anos ou mais | Há mais de 20 anos | 4 | 5 | 5 | 5 | ainda não teve nenhum caso | 5 | 5 | 5 | 5 | |
| 4/6/2018 14:09:33 | Mondaí | 30 - 39 anos | Há menos de 5 anos | 5 | 4 | 4 | 4 | raramente | 4 | 5 | 5 | 5 | |
| 4/6/2018 14:24:25 | Capital - Continente | 40 - 49 anos | Entre 5 e 10 anos | 5 | 5 | 5 | 5 | ainda não teve nenhum caso | 5 | 5 | 5 | 5 | |
| 4/7/2018 7:58:42 | Blumenau | 50 anos ou mais | Há menos de 5 anos | 5 | 3 | 4 | 4 | ainda não teve nenhum caso | 5 | 5 | 5 | 5 | |
| 4/8/2018 11:39:00 | Blumenau | 30 - 39 anos | Há menos de 5 anos | 5 | 3 | 3 | 3 | raramente | 3 | 3 | 5 | 5 | |
| 4/9/2018 13:54:04 | Capinzal | 50 anos ou mais | Há mais de 20 anos | 5 | 5 | 5 | 5 | ainda não teve nenhum caso | 5 | 5 | 5 | 5 | |
| 4/10/2018 18:07:44 | São Bento do Sul | 30 - 39 anos | Entre 5 e 10 anos | 5 | 5 | 5 | 5 | ainda não teve nenhum caso | 5 | 5 | 5 | 5 | |

| Carimbo de data/hora | P1 | P2 | P3 | P4 | P5 | P6 | P7 | P8 | P9 | P10 | P11 | P12 | Sugestão |
|---|---|---|---|---|---|---|---|---|---|---|---|---|---|
| 4/12/2018 23:21:02 | São José | 30 - 39 anos | Entre 5 e 10 anos | 5 | 3 | 5 | 3 | raramente | 4 | 5 | 5 | 5 | |
| 4/13/2018 20:45:16 | Capital - Foro Central | 40 - 49 anos | Há mais de 20 anos | 5 | 5 | 5 | 5 | frequentemente | 5 | 5 | 5 | 5 | |
| 4/13/2018 21:01:45 | Tubarão | 50 anos ou mais | Há mais de 20 anos | 5 | 5 | 5 | 5 | raramente | 5 | 5 | 5 | 5 | |
| 4/13/2018 21:12:46 | Tubarão | 40 - 49 anos | Há menos de 5 anos | 5 | 5 | 5 | 5 | raramente | 5 | 5 | 5 | 5 | |
| 4/13/2018 21:33:42 | São Miguel do Oeste | 30 - 39 anos | Entre 10 e 15 anos | 5 | 5 | 5 | 5 | raramente | 5 | 5 | 5 | 5 | |
| 4/13/2018 22:02:28 | Trombudo Central | 30 - 39 anos | Entre 10 e 15 anos | 2 | 2 | 2 | 2 | raramente | 2 | 2 | 2 | 4 | |
| 4/13/2018 22:27:59 | Brusque | 40 - 49 anos | Entre 15 e 20 anos | 5 | 5 | 5 | 5 | ainda não teve nenhum caso | 4 | 4 | 4 | 4 | |
| 4/13/2018 22:40:22 | Capital - Foro Central | 30 - 39 anos | Entre 10 e 15 anos | 1 | 1 | 1 | 1 | ainda não teve nenhum caso | 1 | 3 | 3 | 5 | |
| 4/13/2018 22:41:05 | Curitibanos | 30 - 39 anos | Há menos de 5 anos | 5 | 5 | 5 | 5 | ainda não teve nenhum caso | 5 | 5 | 5 | 5 | |
| 4/14/2018 0:56:43 | Capital - Foro Central | 30 - 39 anos | Há menos de 5 anos | 5 | 3 | 4 | 5 | raramente | 3 | 3 | 5 | 5 | |
| 4/14/2018 7:27:45 | Blumenau | 30 - 39 anos | Entre 5 e 10 anos | 5 | 3 | 5 | 5 | raramente | 4 | 2 | 3 | 4 | |
| 4/14/2018 9:20:42 | Turvo | 50 anos ou mais | Entre 5 e 10 anos | 5 | 3 | 2 | 4 | ainda não teve nenhum caso | 2 | 5 | 5 | 5 | |
| 4/14/2018 10:38:13 | Joinville | 50 anos ou mais | Entre 5 e 10 anos | 5 | 3 | 5 | 5 | ainda não teve nenhum caso | 5 | 4 | 5 | 4 | |
| 4/14/2018 11:19:56 | Biguaçu | 30 - 39 anos | Entre 10 e 15 anos | 5 | 1 | 1 | 1 | ainda não teve nenhum caso | 1 | 1 | 1 | 5 | |
| 4/14/2018 11:51:54 | Lages | 40 - 49 anos | Entre 10 e 15 anos | 5 | 5 | 5 | 5 | raramente | 5 | 5 | 5 | 5 | |
| 4/14/2018 17:59:25 | Curitibanos | 50 anos ou mais | Há mais de 20 anos | 5 | 5 | 5 | 5 | raramente | 5 | 5 | 5 | 5 | |
| 4/15/2018 14:24:32 | Tubarão | 50 anos ou mais | Há mais de 20 anos | 5 | 5 | 4 | 5 | raramente | 5 | 5 | 4 | 5 | |
| 4/15/2018 22:44:12 | Joinville | 30 - 39 anos | Entre 10 e 15 anos | 3 | 1 | 1 | 1 | ainda não teve nenhum caso | 3 | 3 | 3 | 5 | |
| 4/16/2018 7:40:25 | Tribunal de Justiça | 50 anos ou mais | Há menos de 5 anos | 5 | 3 | 1 | 1 | ainda não teve nenhum caso | 1 | 3 | 3 | 3 | |
| 4/16/2018 8:12:42 | Herval D'Oeste | 40 - 49 anos | Entre 15 e 20 anos | 5 | 5 | 4 | 5 | ainda não teve nenhum caso | 5 | 5 | 5 | 4 | |
| 4/16/2018 10:00:48 | Balneário Camboriu | 30 - 39 anos | Há menos de 5 anos | 4 | 4 | 5 | 5 | raramente | 4 | 3 | 3 | 4 | |
| 4/16/2018 10:58:04 | São Lourenço do Oeste | 30 - 39 anos | Entre 5 e 10 anos | 5 | 5 | 5 | 5 | frequentemente | 4 | 5 | 5 | 4 | |
| 4/16/2018 11:21:29 | Balneário Camboriu | 50 anos ou mais | Entre 10 e 15 anos | 3 | 3 | 4 | 4 | frequentemente | 3 | 4 | 4 | 5 | |
| 4/16/2018 12:39:46 | Campos Novos | 50 anos ou mais | Entre 15 e 20 anos | 4 | 5 | 5 | 5 | ainda não teve nenhum caso | 5 | 5 | 5 | 5 | |
| 4/16/2018 13:09:03 | Itajaí | 50 anos ou mais | Há mais de 20 anos | 5 | 5 | 5 | 5 | frequentemente | 5 | 5 | 5 | 5 | |
| 4/16/2018 13:13:18 | São José | 30 - 39 anos | Entre 5 e 10 anos | 5 | 5 | 5 | 5 | raramente | 5 | 5 | 5 | 5 | |
| 4/16/2018 13:32:33 | Joaçaba | 40 - 49 anos | Entre 15 e 20 anos | 4 | 3 | 3 | 3 | ainda não teve nenhum caso | 5 | 5 | 5 | 5 | |
| 4/16/2018 14:00:07 | Criciúma | 30 - 39 anos | Entre 5 e 10 anos | 5 | 3 | 4 | 4 | ainda não teve nenhum caso | 4 | 4 | 4 | 5 | |
| 4/16/2018 14:15:03 | Imaruí | 50 anos ou mais | Há mais de 20 anos | 5 | 2 | 2 | 5 | ainda não teve nenhum caso | 4 | 5 | 4 | 5 | |
| 4/16/2018 14:17:03 | Tangará | 40 - 49 anos | Entre 15 e 20 anos | 5 | 5 | 5 | 5 | raramente | 5 | 5 | 5 | 5 | |
| 4/16/2018 14:23:40 | Rio do Campo | 30 - 39 anos | Entre 5 e 10 anos | 5 | 5 | 4 | 3 | ainda não teve nenhum caso | 1 | 3 | 3 | 5 | |
| 4/16/2018 14:35:07 | Içara | 30 - 39 anos | Entre 5 e 10 anos | 5 | 3 | 3 | 3 | ainda não teve nenhum caso | 3 | 4 | 4 | 5 | |
| 4/16/2018 14:36:51 | Laguna | 40 - 49 anos | Entre 5 e 10 anos | 5 | 2 | 2 | 2 | ainda não teve nenhum caso | 2 | 2 | 2 | 5 | |

| Carimbo de data/hora | P1 | P2 | P3 | P4 | P5 | P6 | P7 | P8 | P9 | P10 | P11 | P12 | Sugestão |
|---|---|---|---|---|---|---|---|---|---|---|---|---|---|
| 4/16/2018 14:47:18 | Mafra | 30 - 39 anos | Entre 5 e 10 anos | 5 | 3 | 2 | 3 | raramente | 3 | 5 | 5 | 5 | |
| 4/16/2018 15:02:49 | Capivari de Baixo | 30 - 39 anos | Entre 5 e 10 anos | 5 | 5 | 4 | 5 | raramente | 3 | 5 | 5 | 5 | |
| 4/16/2018 15:24:39 | Ascurra | 30 - 39 anos | Há menos de 5 anos | 5 | 3 | 5 | 5 | raramente | 5 | 5 | 5 | 5 | |
| 4/16/2018 15:39:03 | Chapecó | 30 - 39 anos | Há menos de 5 anos | 5 | 5 | 4 | 4 | frequentemente | 4 | 4 | 4 | 5 | |
| 4/16/2018 16:17:33 | Ipumirim | 40 - 49 anos | Entre 10 e 15 anos | 5 | 5 | 5 | 5 | ainda não teve nenhum caso | 3 | 5 | 4 | 5 | |
| 4/16/2018 16:47:41 | Chapecó | 50 anos ou mais | Entre 15 e 20 anos | 5 | 5 | 4 | 5 | ainda não teve nenhum caso | 5 | 5 | 5 | 4 | |
| 4/16/2018 16:50:10 | Criciúma | 40 - 49 anos | Entre 10 e 15 anos | 5 | 1 | 5 | 4 | raramente | 3 | 4 | 2 | 5 | |
| 4/16/2018 17:17:04 | Cunha Porã | 50 anos ou mais | Há mais de 20 anos | 5 | 5 | 5 | 5 | raramente | 4 | 5 | 5 | 5 | |
| 4/16/2018 17:44:37 | Lages | 30 - 39 anos | Entre 5 e 10 anos | 3 | 1 | 1 | 1 | ainda não teve nenhum caso | 1 | 1 | 1 | 5 | |
| 4/16/2018 18:11:08 | Sombrio | 40 - 49 anos | Entre 10 e 15 anos | 5 | 5 | 5 | 4 | ainda não teve nenhum caso | 5 | 5 | 5 | 5 | |
| 4/16/2018 18:26:48 | São José | 30 - 39 anos | Entre 10 e 15 anos | 4 | 2 | 3 | 3 | ainda não teve nenhum caso | 3 | 3 | 3 | 5 | |
| 4/17/2018 9:29:54 | Lages | 30 - 39 anos | Entre 10 e 15 anos | 3 | 2 | 2 | 2 | raramente | 2 | 3 | 2 | 5 | |
| 4/17/2018 16:11:59 | Taió | 50 anos ou mais | Há mais de 20 anos | 5 | 5 | 5 | 5 | ainda não teve nenhum caso | 5 | 5 | 5 | 5 | |
| 4/17/2018 17:12:32 | Palhoça | 30 - 39 anos | Entre 5 e 10 anos | 5 | 5 | 3 | 3 | raramente | 5 | 5 | 5 | 5 | |
| 4/18/2018 9:05:57 | Camboriú | 30 - 39 anos | Entre 10 e 15 anos | 5 | 2 | 3 | 3 | raramente | 4 | 4 | 3 | 4 | |
| 4/18/2018 12:06:33 | Capital - Continente | 50 anos ou mais | Entre 10 e 15 anos | 5 | 5 | 3 | 3 | ainda não teve nenhum caso | 4 | 4 | 4 | 5 | |
| 4/18/2018 15:43:53 | Descanso | 50 anos ou mais | Há mais de 20 anos | 4 | 5 | 3 | 5 | raramente | 4 | 5 | 4 | 5 | |
| 4/18/2018 20:57:34 | Brusque | 50 anos ou mais | Há mais de 20 anos | 5 | 5 | 2 | 3 | ainda não teve nenhum caso | 5 | 5 | 5 | 5 | |
| 4/20/2018 13:21:40 | Jaguaruna | 30 - 39 anos | Entre 5 e 10 anos | 5 | 3 | 3 | 5 | raramente | 3 | 4 | 4 | 4 | |
| 4/23/2018 10:42:51 | São Domigos | 30 - 39 anos | Entre 5 e 10 anos | 5 | 5 | 5 | 5 | frequentemente | 3 | 5 | 5 | 5 | |
| 4/23/2018 15:29:12 | Forquilhinha | 30 - 39 anos | Entre 10 e 15 anos | 5 | 5 | 5 | 5 | frequentemente | 5 | 5 | 5 | 5 | |
| 4/24/2018 22:11:59 | Garuva | 50 anos ou mais | Entre 5 e 10 anos | 5 | 4 | 3 | 3 | raramente | 4 | 4 | 4 | 4 | |
| 4/26/2018 22:17:58 | Ituporanga | 50 anos ou mais | Há mais de 20 anos | 3 | 4 | 1 | 3 | ainda não teve nenhum caso | 5 | 5 | 1 | 5 | |
| 4/30/2018 13:51:43 | Capital - Foro Central | 40 - 49 anos | Entre 10 e 15 anos | 5 | 5 | 5 | 5 | raramente | 4 | 5 | 5 | 3 | |

# ANEXO III – PESQUISA-AÇÃO

## REUNIÃO PESQUISA-AÇÃO

Aos dezesseis dias do mês de maio de dois mil dezoito, reuniram-se no Oficialato de Justiça do Foro Distrital do Continente, Comarca da Capital, os oficial de justiça Fabrício Pereira Pacheco, Fernando Amorim Coelho, Lia Fernanda Roani, Luciano May Rengel, Márcio Fiuza, Rafael Hamilton Fernandes de Lima, Ricardo Tadeu Estanislau Prado e Tenira de Castro Pereira, com intuito de analisar os dados e resultados obtidos com a Pesquisa endereçada aos oficiais de justiça do Poder Judiciário de Santa Catarina para precisar os reflexos, eficácia e aplicabilidade das inovações do CPC/2015 em relação às suas atribuições [1] e partir deles apresentarem hipóteses objetivando melhorar a eficácia e aplicabilidade do inciso VI, do art. 154, do CPC/2015. Após longo debate chegaram-se a conclusão: 1. A mínima divulgação acerca do dispositivo em comento o faz parecer pouco importante e pouco relevante; 2. A falta de estímulo institucional para promoção de autocomposição pelo oficial de justiça faz parecer que essa atribuição não se alinha aos fins institucionais do Poder Judiciário. 3. A inovadora atribuição gera insegurança e dúvida quanto ao seu procedimento, sendo necessário um aprofundamento técnico da finalidade da norma; 4. Por ser uma atribuição jamais prevista aos oficiais de justiça, sua aplicação exige uma mudança de postura e mentalidade, sendo necessários balizadores técnicos e práticos para seu exercício; 5. A preocupação com os prazos dos mandados exigem que os oficiais reduzam o tempo dedicado às partes, o que dificulta estimular a autocomposição. 6. Para obtenção das propostas de acordo é indispensável que o mandado contenha pelo menos o objeto da ação e o valor atualizado da causa ou que seja acompanhado da inicial e documentos relativos; 7. Levantadas essas impressões, entendeu-se que a hipótese mais adequada a ser testada para dar maior efetividade e aplicabilidade do art. 154, VI, CPC, seria a realização de curso de capacitação de conciliador aos oficiais de justiça, com técnicas de conciliação e treinamento e audiência, associado a um curso teórico e prático de aprofundamento dessa nova atribuição, abordando seus fundamentos, a postura do oficial de justiça adequada a atender essa nova realidade e os procedimentos padrões a serem adotados.


Fabrício Pereira Pacheco

Lia Fernanda Roani

Márcio Fiuza

Ricardo Tadeu Estanislau Prado

Fernando Amorim Coelho

Luciano May Rengel

Rafael Hamilton Fernandes de Lima

Tenira de Castro Pereira

---

[1] Realizada entre 28/03/2018 a 30/04/2018. Disponível em: <https://docs.google.com/forms/d/e/1FAIpQLSeY-m-hd2J_RxTAeUbCXS4BX_jXrcp90PgUHba8qzM3T3Pmzwi/viewanalytics>.

| | | | |
|---|---|---|---|
| 📷 editoraletramento | 🌐 editoraletramento.com.br | | |
| f editoraletramento | in company/grupoeditorialletramento | | |
| 🐦 grupoletramento | ✉ contato@editoraletramento.com.br | | |
| 🌐 casadodireito.com | f casadodireitoed | 📷 casadodireito | |